Die Welt, ein System von Annahmen
Eine lustvolle Hinterfragung
des Systems „Kapitalismus“

edition
wortmeldung
Band 4

Alfred Hirschenberger

Die Welt, ein System von Annahmen

Eine lustvolle Hinterfragung des Systems „Kapitalismus“

Bibliografische Informationen Der Deutschen Bibliothek
Die Deutsche Bibliothek verzeichnet diese Publikation
in der Deutschen Nationalbibliografie;
detaillierte bibliografische Daten sind im Internet
über http://dnb.ddb.de abrufbar

ISBN 978-3-89626-807-5

1. Auflage 2008

trafo Wissenschaftsverlag
Berlin 2008

Finkenstraße 8, 12621 Berlin, Deutschland
Fax: 030/56 70 19 49
e-Mail: info@trafoberlin.de
Internet: http://www.trafoberlin.de

Satz & Layout: trafo Wissenschaftsverlag

Druck & Verarbeitung: Schaltungsdienst Lange oHG, Berlin

Inhalt

Vorwort

Die Sprache, sie ist Gott, sie ist es die alles schuf und schafft.

Eingebettet in „Der Worte Schöpfung“ – ein lustvolles Hinterfragen des etablierten Weltbildes – das Wirtschaftsgeschehen. Eine ineinander aufgehende Darstellung.

Alle Welt verteufelt den Turbokapitalismus, dem alten „guten“ Kapitalismus nachtrauernd. Es gehört nicht zum guten Ton, dessen Entwicklung nachzugehen. Das System Kapitalismus, eine Realität, wird in dem Buch in seine Bauteile zerlegt, deren Funktion dargestellt, jedoch, wie denn auch, nicht ersetzt.

Das System ist nicht erfunden worden, es hat sich geschichtlich ergeben, wird Gewinn abwerfend benutzt und ist zu einem nicht wegzudenkendem Brauchtum geworden. In wirtschaftswissenschaftlichen Abhandlungen werden die in Rechnung gestellten Zahlen korrekt abgerechnet. In der Formel ist die Arbeitskraft, als auch das Kapital, nebeneinander als Zahl, sich verrechnend, eingesetzt. Wertung ist keine mathematische Größe!

Der Kampf gegen Obrigkeit und Macht, wie immer diese sich darstellen, ist nicht zu gewinnen. Gesellschaftliche Schichtung ist vorgegeben. Ihre Neigung, deren Statik, entspricht dem natürlichen Geriesel eines Sandhaufens. Das ist so. Einer geht immer voran, sie sich erneuert. Das einzige was bleibt ist, unermüdlich dem zu begegnen.

„Die Welt, ein Mosaik von Annahmen“

Der Worte Schöpfung, oder am Anfang war das ABC.
Und Gott sprach zu den Menschen: „Macht euch die Erde
untertan, benennt sie“! Und sie taten, übereinkommend,
das was sie taten, weiter.

Fragen geleiten die Kinder in das ihnen fremde Leben, sie sollten dessen nicht müde werden. Es ist menschlich, die Welt zu hinterfragen.

Am Anfang war das schöpferische Wort. Vordem verständigte und informierte die lebende Materie, ein kristallines Gesetz wie das der Steine, sich immer schon, durch Laute, Berührungen, richtungsweisend durch Blicke und Gesten, so wie sie es immer schon bedurfte, der Formation entsprechend. Der Mimik, deren vielschichtiger Ausdrucksform, dem Lächeln, dürfte es zuzuordnen sein, daß unter dem Druck des Kommunizierens – wie auch den Tieren eigen – letztens aus der Organveränderung, dem abgesackten Kehlkopf, der sich daraus ergebenden Stimme, dem non verbalen Sing-Sang, Worte sich modulierten, es zur Sprache kam. Der den weisenden Finger begleitende Laut artikuliert zu unterscheidenden Wörtern. Rhythmisch (Grammatik) reihen die sich zu einem Satz, zu einer Aussage. Eine kulturelle Evolution eröffnet sich. Das sich Erkennen, das individuelle Bewußtsein, der Schmerz, erhaltendes Wesen des Lebendigen, mag dem Wort vorausgegangen sein, er das Verständigen mit sich, bereitete. Diese Entwicklung war nicht vorgesehen, sie ergab sich. Die Zwiesprache, ein Dialog, eine Auseinandersetzung, eine Beschäftigung mit sich selbst formte den Intellekt. Denken bedarf der Sprache, es ist Sprache, Zwiesprache. Erkenntnis ergab sich. Und sie traten hinaus noch als lebende Materie und suchten sich zurechtzufinden, das war der Austritt aus dem Paradies in die Welt des dämmernden Bewußtseins, die eine andere ist, die der Erkenntnis. Noch deuten sie, gebrauchen Gesten, dann verteilen sie Namen, setzen Regeln, um sich zu orientieren. Mit der Namensgebung, „der Taufe“, – ein vereinnehmender ritueller, heiliger Akt – wird aus der Wahrnehmung ein Ding und reiht sich ein in eine Rangordnung. Ein heiliges Sakrament eröffnet sich. Mit der Namengebung und dem Artikel davor wird Irreales, Vages benannt und ins Dasein gestellt. Götter gehen hervor, der Gott, der Teufel, und auch die Natur, sie werden zu handelnden Personen. Ein Ungetaufter könne (daher) nicht in das (namenlose) Reich Gottes kommen (Joh 3,5) bestätigt Jesus, da erst (ihm) sich das Reich Gottes mit der Namensgebung eröffnet. Sie, die Skala reiht, realisiert all das, was es ringsum gibt. Es ist kein Schauen mehr, es ist ein Sehen, ein abstraktes Differenzieren und Realisieren von einem und demselben, (ein Schwerer als schwer) ein Vermessen und Einordnen, ein Gestalten. Alle Erklärungen und Erkenntnisse destillieren sich aus der Differenz. Sind Zahlen denn nun nicht auch ein Produkt der Differenz, von viel, weniger und wenig, oder umgekehrt? Kann die Algebra, das Zusammenfügen, demnach als ein Überwinden fragwürdiger Wertigkeit von Zahlen begriffen werden? Sucht sie mit Buchstaben den fiktiven Zahlenbegriffen zu entkommen? Erweist sich die „exakte“ Wissenschaft der Mathematik denn nun nicht als ein angenommenes Gebilde, auf einer fiktiven Differenz basierend? Die fiktive Differenz entwickelt sich zu Produkten, zur Zivilisation. Das Wort erschloß die Differenz – ein Schöpfungsakt. Nicht der Glaube, das Wort versetzt Berge. Er ist des Wortes, bewegt die Welt.

Der Dialog (Dualismus), der Widerspruch setzt zwei Möglichkeiten, somit ein „Links“ und ein „Rechts“. Mit dem Differenzieren einer Vorstellung ergibt sich eine Kartographie, die an die Umgebung angelegt sich orientieren läßt. Ab nun leben sie nicht mehr in Gegebenem, sie nehmen wahr, benennen ihre Umgebung nach ihrem Dafürhalten, und das Ganze Natur. Es wurde ihnen nicht gewahr, daß sie es übertrugen, fassungslos standen sie davor, es ist geplant, von (benannten!) Göttern. Glaubenstarke Vorstellungen lassen sich geschichtlich zurückverfolgen bis zu den ersten Bestattungen, in ein Jenseits hinein, und legen Zeugnis der Entwicklung menschlicher Projektion.

Sich auferlegte Rituale sind's, „realisieren" Gott. Er ersteht, nimmt in der feiernden Glaubensgemeinschaft Gestalt an, die sich, das Leben überwindend, darin spiegelt. Dem Leben in Geborgenheit entfliehend, Sehnsucht nach Nähe, nach Berührung, nach Vertrauen, nach Begleitung, nach austauschender Gemeinsamkeit. Gott, ein überhöhtes Ich. Rituale, Halt bietend an einer vertrauten Abfolge einer festlichen Handlung und – es ist, befriedigend, getan.

"Die Welt ist eine Funktion, eine Fiktion des Ich, und mit jedem Ich geht die Welt zugrunde."

Alfred Polgar.

"Und die Welt geht so wenig unter, als sie aufgeht wie die Sonne. Aber ein Blick, und sie ist da, ein Schlagen der Wimpern, und sie ist fort und wieder ein Blick, und wieder ist sie da (...)"

A. Lernet-Holenia.

"Gott schuf die Erde und alle Dinge auf Erden, aber er gab keinem Ding einen Namen (...)
Dann vertraute er diese Vielzahl unbenannter Dinge dem Ermessen der Menschen an, und der Mensch, kaum erwacht aus seiner lehmigen Starre, ging daran, alles, was ihn umgab, zu bemessen. Jedes der Worte, die er damals erfand, veränderten das Aussehen und die Umrisse der Dinge (...)"

Sylvie Germain.

"Aborigines: (...) totemistische Wesen, die einst in der Traumzeit über den Kontinent wanderten und singend alles benannten, was ihre Wege kreuzte – Vögel, Tiere, Pflanzen, Felsen, Wasserlöcher – und so die Welt ins Dasein sangen."

Bruce Chatwin.

„Wir schaffen sie (die Welt), so behaupten die Semiotiker, in den Geschichten, die wir uns ausdenken, um sie zu erklären, und durch

die Art und Weise, wie wir in ihr leben (...) Es ist eine Welt, die durch die Sprache geschaffen wurde und von Metaphern und akzeptierten gemeinsamen Bedeutungen zusammengehalten wird, von denen sich jede in der Zeit ändern kann."

Jeremy Rifkin.

" (...) deshalb ist es auch so schwer, diese Welt zu beschreiben, weil man sich selbst beschreiben müsste; denn die Welt nimmt unsere Farben an."

Cees Nooteboom.

"Es dreht sich – von links nach rechts, von rechts nach links". Ist das das „Sich" drehen? (...) erkennt man leicht, dass, wenn die Menschen fehlten, die Erde aufhörte, sich zu drehen."

Jose Saramago.

„Es gibt in der Natur der Erdkugel, ebenso wenig wie im unbegreifbaren Universum, kein „Oben" und kein „Unten", kein Richtig und kein Falsch; es gibt weder Gut noch Böse, weder Schön noch Hässlich, sondern nur Lebensformen, die ihre Bestimmung erfüllen, weil sie existieren, und deren Bestimmung ihre Existenz ist". „Alles, was ich denke, ist wirklich; die einzige Realität ist das Denken".

Rémy de Gourmont.

„Die Wirklichkeit ist das Ergebnis von Kommunikation, sie wird konstruiert". Sagt die Wissenschaft.

Walter Wippersberg.

Das All steht still, dessen Bewegungen heben sich auf. (Brich den Gedanken nicht ab, laß ihn sich entwickeln!) Erst von einem eingenommenen Standort aus ergibt sich Bewegung. Sie ergibt sich aus der Differenz von Geschwindigkeiten. Die Geschwindigkeit aber hat es so an sich. So befinden sich am Uhrzeiger Geschwindigkeiten von Null bis Unendlich, je nach der Länge des Zeigers, bei ein und derselben Umdrehung, aber auch nur dann bleibt das Zifferblatt stehen. Weist aber eine Drehung eine Unzahl von Geschwindigkeiten auf, dann werden sie bedenklich. Entlang des Zeigers läßt sich keine Bewegung wahrnehmen. Die Zeit steht still. Denkt man sich den Zeiger weg, bleibt eine Unzahl von Geschwindigkeiten bestehen, die sich von Null bis Unendlich bzw. von Null zu Null, linear, daher nicht erkennbar, reihen. Stehen sie sich auch wirr, wie am Firmament, gegenüber, so vereint sie eines zur Unkenntlichkeit: die gemeinsame (die Formel – ausgekürzt bleibt sie stehen) Konstante. Die Bewegungen, ohne Standort, lösen sich auf.

Der Umkehrschluß, von einem so zweifelhaften, vieldeutigen Ding, wie der Zeitanzeiger es ist, auf eine Bewegung schließen zu wollen, stockt, gestützt auf die „Konstante“ (Standort) der Erdumdrehung – die die des Zeigers ist. Die Geschwindigkeit, mit ihr die Bewegung, ergibt sich als Fiktion. Der Standort ist der des Menschen, so ist Bewegung a priori durch ihn. Der Mensch, er ist es, gibt all dem Sinn, betreibt Anatomie. Projiziert, von seinem Gesichtsfeld auf die Sonne hin, deren Weg von links nach rechts, auf den Zeiger.

Immer bestimmt das Ich von seinem Dünken, seinem Standort aus und ortet. Da ich nun einmal der Standort bin, ist Bewegung durch mich, übersehen wir nun einmal, daß es so etwas wie Bewegung, sinn- und zwecklos, gibt. Ohne Bewegung aber kann es keinen Zufall, kein Aneinandergeraten der Elemente geben. Oder ist dieses Geschehen auch nicht? Bin ich oder bin ich nicht? *„Ich denke – also bin ich!“* René Descartes 1596–1650. Denke ich, weil ich bin, oder bin ich – weil ich denke? Die Frage verwirrt. Entscheide ich mich, daß ich bin, weil ich denke, dann finde ich mich unversehens auf einem Scheideweg, von hienieden nach hoch oben, orte das Denken von dort gewährt. Anders lautet es, wird an Stelle des verfänglichen Wörtchens „oder“ „und“ gesetzt – nun liest sich's so: Ich denke, weil ich bin und bin, was ich bin, weil ich denke! Wenn die Bewegung durch mich ist, dann auch die Begegnung, dann bin ich durch mich, so unwahrscheinlich ist er nicht, der sich selbst schaffende Mensch. Bin ich oder bin ich nicht? Aber wenn ich bin – und ich bin – dann muß es eine Bewegung gegeben haben (wegen des Zufalls) oder ich war und bin (das Leben an sich) immer schon. Wo liegt denn des Pudels Kern? Er läßt sich nicht und nicht fassen. Der Gedankengang ist in ein Labyrinth geraten, irrt im Kreis – dem Wahnsinn nahe. Aber findet sich denn nicht gerade in ihm, dem Wahn, Sinn? Was immer vor der Zeit – der der Erkenntnis – sich begab, begab sich nicht, erst der Wahn gab dem Bedeutung – Sinn.

Ein Kind, die Namen noch nicht eingeprägt, wie erlebt es die Dinge? Wie kommt auf ihn die Umwelt zu? Gewiß nicht wie auf den Entwachsenen, von fixierten Bildern abgeblockt. Noch muß es sich nicht dem Erwachsenen mit Worten verständlich machen. Es denkt für sich. Wie? Wortlos? Bedarf das Denken der Worte? Ist es ohne Worte, ohne Grammatik unbefangener? Findet sich ein Wortersatz? Daß in ihm, dem Kind, viel vorgeht, ist ihm anzusehen. Aber was? Es weint, lächelt, horcht versonnen in sich hinein, träumt. Die den Kindern eigene Welt, ist wohl die eines Ahnens, eines Erinnerns, das von irgendwoher anweht. Ein Heimweh danach bleibt bis ins hohe Alter, mehr nicht. Es gelingt nicht, sich zurückzuversetzen. Es ist endgültig verloren.

Wo stand denn nur die Geschichte von dem alten König, wie hieß er denn nur, der wissen wollte, welche Sprache die Kinder von selbst sprechen würden, Neugeborene in ein Verlies bringen ließ, wo ihnen an nichts fehlte außer dem, daß an sie kein einziges Wort gerichtet werden durfte. Die Kinder starben an dem Schweigen.

Die kleinen Kinder an der Hand, werden eingeführt ins Leben. Ihre Händchen suchen tastend nach Halt an der Hand.

Eine Äonen alte Entwicklung setzt sich fort, einem System entsprechend, vorausbestimmt, daher nicht zufällig, dem gerne, um sich behütet zu wissen, Absicht unterstellt wird. Der Dialog allein aber ist es, das Zwiegespräch, das schematisch sich vollzieht – in der Grammatik (einer Ordnung der Daten zur Verständigung), der Mathematik, im bewegenden Takt, dem Rhythmus, der pulsierend überall sich wiederfindet, in der Information gibt es sich zu erkennen – das als Vorsehung begriffen wird.

Die Welt, die sich aufbaut ist die des Wortes, des Dualismus, (binär, bipolar), die der Frage und der Antwort. Die Zweiteilung, sie ist nicht nur Ursprung aller Entwicklung, Halt suchend bedarf es der Zweisamkeit, die der Nähe, und sei es, wie bei Kindern, an einem Teddybär.

Kinder, dem Ursprung noch weit näher, noch aufrichtig, lernen redend erst, um die vier Jahre herum, das Lügen. Erst mit dem sich ihrer bewußt werdend, die Folgen einer Aussage begreifend, dem sich entziehend, beginnen sie die Wahrheit zu umgehen. Vögel hinken dem Fuchs, ihn vom Nest ablenkend, etwas vor, täuschen. Demnach, im Vergleich, bewegt sich die Täuschung über die Sprache hin zur Lüge, ihr bleibt sie vorbehalten. Noch bevor im Kind die Macht der Sprache, in der Erfüllung seiner Wünsche als Magie sich verinnerlicht, in der Fürbitte des Gebets sich wiederfindet, geschah es bereits in der Kinderstube der Menschheit. Mit der Sprache wandelt sich die Information, die es vorher auch schon gab, in ein Benennen und rückt so das Unbenannte schöpferisch in eine Ordnung. Das Differenzieren, das Abwägen, das Vergleichen, das Vermessen, ergibt ein Bewerten, einen Wert. Die Wertung, eine subjektive Übereinkunft, ergibt den Baustein, schichtet eine Ordnung. Das Wahrzunehmende entspricht ab nun dieser Ordnung. Mit ihr, dieser Annahme, läßt sie sich trefflich erklären. Allerdings, eine provokante Frage, sie läßt sich nicht vermeiden, ob nicht mit einem jeden anderen, wie immer auch x-beliebig gestrickten Muster sich nicht auch das Universum erklären d. h. errichten ließe, so es in sich schlüssig ist? Vor dem wurde es nicht als eine solche wahrgenommen. Eine Plus-Minus-Ordnung, die in der Bestimmung von Links und Rechts, bei der der Daumen an der Hand links ist, ihre ganze Fragwürdigkeit zu erkennen gibt.

Wie fadenscheinig und verfänglich, läßt sich mit einem eigenartigen Erlebnis belegen: Eine Fahrt vom Karlsplatz zum Praterstern. Die Rolltreppe, tief hinunter geht es zur U-Bahnstation. Links und rechts ein Perron. Kaum ist der Sitz eingenommen fährt der Zug an, bewegt sich jedoch in entgegengesetzter Richtung, zum Reumannplatz. Das ist doch nicht möglich, wehrt sich der Verstand. Verunsichert vergewissert er sich, die nächste Station abwartend, es ist ordnungsgemäß der Stephansplatz. Die erlangte Gewißheit, daß der Praterstern näher rückt, reicht nicht aus, der Zug fährt weiterhin in Richtung Reumannplatz, kehrt nicht um. Auf einmal hat sich der Sitzplatz, eingenommen im letzten Waggon der Garnitur – war es am Stephansplatz oder am Schwedenplatz – nach vorne in den Triebwagen verlagert. Der sich bietende

Stationsabschnitt, sie sind alle von vorn und hinten gleich, bietet keine Orientierung. Das bedeutet, die Vorstellung ist haltlos und kehrt sich um. Die Stationsabfolge spult sich entgegen der eingebildeten Fahrtrichtung ab, die Vorstellung widersetzt sich weiterhin der Korrektur. Der Zug fährt vom Praterstern weg und kommt ihm doch immer näher, scheint ihm entkommen zu wollen und fällt dann doch letztlich mit ihm zusammen. Erst mit dem Aussteigen aus der Bahn, dem festen Boden unter den Füßen, der unverrückbaren asymmetrisch vertrauten Örtlichkeit, einem wieder gefundenem links und rechts gegenüber, verfestigt sich das Da-Sein, der Spuk löst sich auf. Sucht ihn noch zu fassen, um dahinter zu kommen, was denn da geschah. Verfolgt das Erlebnis zurück, um der Ursache auf die Spur zu kommen. Was war der Anlaß, daß die Fahrtrichtung sich verkehrte? Hat sich die Realität der parallel laufenden Gedankenwelt, die der Vorstellung und die des Wahrhabens, verloren? Ein Déjà-vue-Erlebnis? Tauschten sich ganz einfach die angenommenen Begriffe links und rechts aus? Verlor sich das Gefühl für diese Orientierung, ein zu uns gehörendes Grundbedürfnis? Vielleicht war es eine jähe körperliche Drehung, und schon war es geschehen, links und rechts vertauschten sich. Vielleicht war es ein Blick auf den Gegenzug, dessen Richtung sich speicherte und beim Anfahren sich einschlich? Oder war der Auslöser der, daß er eingesponnen sich gegen die Fahrtrichtung setzte, und gedanklich in der Blickrichtung fuhr? Mit Gewißheit läßt sich das auslösende Moment nicht fassen. Der Realität (so sie es ist) der Station hält die Einbildung nicht stand, sie verflüchtigt sich und ist nicht gewesen. Kein Lidschlag war es, es waren vier U-Bahnstationen lang! Umwelt, vom eingenommenen Standpunkt aus geortet, baut um ihn sich auf.

Im Zweifel, in ihm und nur in ihm erschließt und erschöpft sich die ganze Wahrheit und alle Freiheit des Denkens, selbst auch wenn er an der Wahrheit zweifeln läßt, im Glauben sich verliert. Er ergibt sich aus der über sich hinausschießenden Neugierde. Es ist ein Erlebnis, wenn im Zweifel die Wahrheit zum Greifen nahe scheint, doch im Zugriff schwindet und nichts bleibt als die Gewißheit: Sie war, im «Für und Wider». *„Wenn mich niemand danach fragt, weiß ich es, will ich es erklären, weiß ich es nicht“*. Sinn entlehnt von Augustinus. Er allein, der Zweifel, ist und bleibt unwiderlegbar. Zweifel, Wartezimmer der Erkenntnis, leben läßt sich's nicht in ihm! Nur im Glauben, und sei es an das Gute im Menschen, läßt das Leben sich ertragen.

Der Zweifel bereitet die Frage auf. Frage, Wegbereiter der Antwort. Die Frage, an das Gegebene angeknüpft, stellt es in Frage. Die Antwort ergibt sich nicht zufällig, sie kommt nicht von irgendwo her, sie ist das Produkt eines schon immer wirkenden Systems, dem der lebenden Materie, der DNA komplementären zwei spiralig angeordneten Kette. Ineinander verschränkt liegt ein sich Austauschen nahe. So gesehen baut sich über dem namenlos Gegebenen, es übertünchend, die Sicht lebender Materie auf. Ein Gespinst der Zwiesprache. X, die Unbekannte in der Gleichung, sich aus dem Gegebenen ergibt.

Die Antwort formuliert sich als Frage, bevor sie als Antwort dasteht, sie tauschen sich aus. Die Antwort beendet die eröffnende Frage, ohne Antwort bleibt sie kreißend bestehen. Eine Antwort ohne vorangehender Frage, bleibt ungefragt, aufgedrängt, totalitär. Oppenheimer sagt: *„Das Genie kennt die Antwort vor der Frage"*, das besagt, es greift vor. Stünde die Antwort nicht dahinter, die Frage ergebe sich nicht. Das aber bedeutet, die bestehende Antwort ruft die Frage nach ihr hervor. Frage und Antwort ergeben sie sich als ident, dem Kausalgesetz entsprechend – ! = ? und setzt sich, durch die Wechselbeziehung der Worteteilung (Begriff – Sinndifferenz) fort. Dem bestehenden Dualsystem entsprechend, übernimmt die Frage den Part, eröffnet die Ant-Wort. Eine Entwicklung, eine Folgerung ergibt sich, jedoch ohne Absicht(!), und doch nicht zufällig. Der Zufall ist kein Zufall, weil er ein Zufall ist, er ist allgegenwärtig. Ein Ding vermag sich von einem Zustand in einen anderen zu verändern, nicht aber zurück. Ist damit eine Richtung, eine absichtslose, vorgegeben? Ein Ansatz, ein Druck, der die Frage zur Antwort fördern könnte? Die Antwort aus der Resonanz der Fragestellung sich ergibt? Ob mit dem Anlegen der Dialektik, der Frage- und Antwort-Funktion beizukommen wäre? Die Frage, das Infragestellen, beinhaltet „Gegebenes" (These) und schwant (Intuition) „Künftiges", ebenso könnte es Vorhergehendes sein (Antithese), die „Antwort" (Synthese) folgert sich richtungsweisend, logisch. Somit ein dialektischer Prozeß. Frage und Antwort könnte sich ebenso auch als die Differenz von ein und dem selben, des Möglichen herausstellen. Als ein mehr oder weniger Ausführbares. Diese, allerorts gleich anzutreffende Mechanik wird durch die Beobachtung bestätigt, daß, wo auch immer gestellte Fragen zu den gleichen und nicht zu unterschiedlichen Antworten (Erfindungen) führen. In einer präzis formulierten Frage gibt sich im Voraus die Antwort zu erkennen. Das ist bekannt, und wird auch angewandt. Das aber bedeutet, daß die Antwort von vornherein, vom Zwiegespräch formuliert, als Fortentwicklung besteht. Nicht als Fortschritt. Der Begriff „Fortschritt" schließt eine Richtung, somit ein Ziel mit ein, das aber setzt allein sich der Mensch. Das Fragen mag aus einem brütenden sich selbst Erkennen sich ergeben haben, Halt suchend, nun ausgesetzt in eine namenlose Fremde. Das Warum und Wieso führt hin zu einer dahinterstehenden, fürsorglichen Absicht, leitet, dem sich anzuvertrauen. Überantwortet sich einem allmächtigen Gott. Ein Begriff, wie auch die Zeit, die nur der Mensch kennt und hinter fragt. Das eine kommt eben von dem anderen. So wie das Heute von gestern und der Morgen von heute. Das läßt sich als Absicht erkennen, aber keine ist. Sie begrenzt sich auf die dem Dialogmittel Sprache innewohnende Mechanik, (so wie das Abschätzen auch), ein System, das als Grammatik in Erscheinung tritt, dem eine scheinbare „Inspiration" entspringt. Wohin sie führt? Eine widersprüchliche Frage, denn es mag lediglich ein Austauschen vorliegend sein. Frage und Antwort, Bausteine des Denkens, sie sind das Denken.

Das alltägliche Schätzen: Man geht über die Straße, ein Auto rast heran mit einer x-Geschwindigkeit aus einer x-Entfernung. Selber quert man die Fahrbahn mit einer x-Breite mit einer x-Behendigkeit. Ein Rechenvorgang, eine Gleichung mit mindestens vier Unbekannten und man weiß auf einen Meter genau, ob es sich ausgeht.

Der Kutscher am Bock deutete in die Richtung, in die er abzubiegen vor hatte. Kündete er diese Absicht besonders deutlich an, tat er es mit der Peitsche und bewegte sie hinweisend noch winkend. Nach ihm taten es die Chauffeure, nur Peitschen hatten sie keine mehr. So streckten sie eindringlich die Hand aus dem Auto. Geschlossene Fahrerkabinen schlossen das Handhinausstrecken aus. Die Handbewegung wurde imitiert. Ein Winker wackelte, von einem Gestänge geschoben, wie weiland die Peitsche. Dann wurde er beleuchtet, um ihn auch im Dunkeln zu sehen. Allerdings, von hinten konnte er nur dann wahrgenommen werden, befand man sich auf derselben Seite. Der linke Winker z. B. konnte von dem hinten rechts Nachkommenden nicht gesehen werden. Der Druck dieses Mankos führte dazu, die Richtungsanzeiger am Heck des Autos an beiden Seiten anzubringen. Das Wackeln wurde zu einem Blinken. Das nebenher sich entwickelnde Blinklicht bot sich dazu an.

An diesem Beispiel wird der Werdegang deutlich gemacht, eine auf Schritte begrenzte Entwicklung und keine, wie es oft erscheint, umfassend inspirierte Erfindung. Sie alle setzen sich aus endlos sich reihenden Teilchen, von Frage und dahinterstehender Antwort zusammen. Die Dualitäten (deren jeweilige Wesensart) verknoten sich zu einem Knäuel. Tonnenschwere Maschinen heben ab, steigen hoch in die Lüfte, ein Wortgebilde. Die wahrzunehmende Absicht löst sich als ein zwingendes Frage- und Antwortpaar auf, deren Eigendynamik eine Richtung anhaftet. Wohin? Die Entwicklung treibt dahin. So fragt sich arglos ein IBM-Ingenieur 1968 angesichts der neu entwickelten Mikrochips: *„Aber wozu soll das gut sein?"*[1] Schon 1943 meinte der Vorsitzende von IBM Thomas Watson: *„Ich denke, es gibt einen Weltmarkt für vielleicht fünf Computer"*.

Letztlich, aufgeschlüsselt, löst aller Bestand sich in subtrahierte Erwägungen von gedanklich zusammengefügten Maßeinheiten auf.

Verhängnisvoll überbordet diese Selbständigkeit, die von Frage und Antwort, der Sinne entledigt, sich in eine weiterhin von ihr geschaffene Welt einkapselt. Das läßt sich aus deren Folgerichtigkeit befürchten. Und es zeigt sich derartiges bereits an. Der Computer als Primat, der ihn umringenden Maschinen, verbindet Gefragtes (Input) mit der gespeicherten Antwort (Output). Sobald sich diese Funktion umkehrt, und das ist keine Spekulation, gibt das Gespeicherte, eine Entwicklung selbständigen Denkens vor, löst sich.

Die uns fest im Griff habende Technik verselbständigt sich (Automatisierung), der Kreis schließt sich, der Sprache Denken kehrt in sich zurück.

Die Symbiose von Ja-Nein (Plus-Minus), Baustein lebender Materie. Es ist denkbar, daß sich die Reproduktion aus der Trennung der beiden

1 Literatur: „Weit gefehlt" im Focus 30/1979

Stränge ergibt, aus denen das DNA-Molekül besteht. Möglich, dass die genetische Ausstattung in der Sprache sich fortsetzt. Ein jegliches Tun erliegt der Kontinuität. Reißt diese, aus welcher Ursache auch immer, steht der Mensch handlungsunfähig da. Ein Déjà-vu-Erlebnis. Die deckungsgleiche Vorstellung von Wahrnehmen und Wahrhaben verschob sich. Leere, namenlose Leere.

Geoffrey Black beschreibt Substanzen aus dem Weltall (Sternenstaub), die als Grundbausteine des Lebens gesehen werden können. Gebe man Cyanwasserstoff, Acetylen und Wasser in ein Reagenzglas und lasse es reagieren, entstehen unter anderem mehrere der zwanzig Aminosäuren, aus denen sich die Eiweißverbindungen zusammen setzen. Auch könnte sich daraus eine der vier Basen entwickeln, die das Erbgutmolekül DNA bilden.[2]

Jeder Schritt und Tritt, im Unbewußten nachvollzogen, folgt der Kontinuität. Wird diese unterbrochen, geht der nächste ins Leere. Er ist nicht mehr kongruent mit der nachvollziehenden und vorauseilenden Kontinuität. Der Zusammenhang hat sich auch nur um eine Spur verschoben und schon ist es passiert. Es geht nicht weiter. Er, der da geht, bleibt stehen gelassen.

Einmal war es ein Spaß. Ein Kinderspiel, die Augen zuzumachen, sich wild im Kreis mit schwingenden Armen zu drehen, die Welt ins Wanken zu bringen. Beim Stillhalten dann nicht zu wissen, wo man ist. Es war eine Lust, die Kette der Erinnerungen zu durchreißen in der Gewißheit, daß die Kontinuität beim Stillhalten sogleich sich wieder einstellt und wieder da ist, in der auf ihren Platz zurückgekehrten Welt.

Schon die Kleinen drängt es, die Welt sich verkehrt anzusehen, sie aus den Angeln zu heben. Nach vorne gebückt, zwischen den gegrätschten Beinen hindurch, rückwärts sehen sie sich, andersrum lustvoll die verdrehte Welt an. Übermütig, voll Tatendrang, stellen sie sie in Frage.

Die Lücke schließt sich nicht. Ratlosigkeit macht sich breit. Die Erinnerung, die an jedem Morgen, beim Wachwerden, sich an das Gestern anschließt, stellt sich nicht ein. Die Gegenwart bleibt unerkannt. Die Kontinuität ist unterbrochen. Das Bewußtsein ist eben nicht nur ein

2 Der Standard, 24/12/2005

schlichtes „Ich bin“, es bezieht seinen Inhalt, anknüpfend an das Gestern aus einer endlosen Kette bis zurück in die Vergangenheit. All das erwacht beim Erwachen. Dort der Knirps, zweijährig vielleicht, scheint zu überlegen, mit welchem Fuß er zu gehen beginnen soll. Unschlüssig, sich nicht erinnernd, beginnt er mit beiden Füßen. So wird es ein ungeschickter Hopser. Und wenn es auch Übermut war, die Kontinuität wurde durchbrochen.

Wie erst mag es einem Tausendfüßler ergehen, wird er sich seiner tausend Füße bewußt? Von einem Gewichtheber ist bekannt, 170 kg stieß er hoch, die Hantel hochgestemmt, kam er von der Stellung nicht mehr los, einfach deshalb, da ihm der vorauseilende, wegweisende Gedanke vor Anstrengung stecken geblieben war. Er wäre unter der Last zusammengebrochen, wäre man ihm nicht zu Hilfe geeilt.

Mit verbundenen Augen an einen unbekannten Ort gebracht, ergibt sich, wird die Binde abgenommen, heillose Verwirrung, wendet sich Halt suchend rückwärts, sucht verzweifelt nach der verbindenden Spur, die nicht zu finden ist, die Kontinuität ist weg, es läßt sich nicht gedanklich zurückgehen. Ergäbe sich eine Anbindung an den „gewesenen Verlauf“, würde sie sich rückwirkend aufbauen, das ergäbe ein Erkennen, der Vorlauf schlösse an. Mit dieser Annahme lassen sich die zwei Stufen der Kontinuität, die der Vorauseilenden und die der Nachkommenden, das darin Eingebundensein, anschaulich von einander trennen.

Der, der dort, der Stehengebliebene, verloren verharrt er. Es gelingt ihm nicht, sich zu fassen, den Anschluß zu finden an das, wo er ist. Ein Gedanke nur fehlt, eine Vorstellung, ein Bild nur, das Wort dazu und er wäre wieder da. Das muß doch zustande zu bringen sein.

An Willen fehlt es nicht. Woran denn dann? Das Versagen wird doch erkannt, aber es gelingt nicht, vorzudringen, den Faden zu fassen. Die Leere weicht nicht. Weitet sie sich aus? Das bedeutet nicht, daß er nicht weitergehen könnte, aber wohin? Er findet sich nicht zurecht. Wo sind die Bilder? Er hat sie verloren. Die Wahrnehmung deckt sich ein, zwei Lidschläge lang nicht mit der gebildeten (oder nicht gebildeten) vorhandenen Vorstellung, es wird kein Wahrhaben. Um eine Spur nur zueinander verschoben versinkt die Welt ins Unverständnis. Im Finden nach dem Anschluß geht er, der Stehengebliebene, gedanklich ein Stück zurück, schließt tastend an Vertrautem an, an Bilder, die Kontinuität stellt sich ein, die Vorstellung wird deckungsgleich mit der „Realität". Der einzuschlagende Weg zeichnet sich gedanklich ab und ist wieder da. Handlungsfähig geht er weiter.

Was das soll? Ein jeder hat es schon erlebt, daß er an einem Ort, an dem er noch nie war, plötzlich das Gefühl hat, hier schon einmal gewesen zu sein. Das wird so erklärt, daß der Ort unbewußt, einen Lidschlag lang, aufgenommen wird, beim zweiten erst bewußt und jetzt ergibt sich die Überzeugung, hier schon einmal gewesen zu sein (Déjà-vu-Erlebnis).

Eine Fehlleistung wie die des Stehengebliebenen, nur mit vertauschten Vorzeichen. Sie beweist die zwei Ebenen des Erkennens, die des Kennens und die des Er-Kennens. Die Vorstellung geht synchron mit der wahrgenommenen „Realität" einher. Das ergibt das Er-Kennen. Liegen beide auch nur einen Lidschlag weit auseinander, versinkt die Welt in Tiefen des Unverständnisses. Sie hört einfach auf zu bestehen. Die Wahrnehmung ist zweischichtig, auf der einen gemachte Bilder, die, decken sie sich mit den wahrgenommenen Bildern, ein Erkennen ergeben. Welches Bild wird nun erkannt? Dieses oder jenes? Oder gibt es doch nur eines? Das gemachte?

Das Erinnern setzt aus. Ein Erkennen durch Übereinstimmung der Bilder, jene der Vorstellung mit dem Wahrgenommenen, das wiederum Vorstellung ist. Das Erinnern an zutiefst verdrängte Erlebnisse, ein ahnendes Erinnern, das in sich Hineinhorchen, das Erinnern bis in den Schlaf hinein. Immer ein Erinnern in Bildern, Begriffen, Namen. Bilder sind es, an denen das Ich sich erinnernd reflektiert. Bilder, an denen das Bewußtsein sich bestätigt. Bilder, die das Gehirn, seiner Struktur nach, gesiebt und geordnet erscheinen läßt. Bilder, die Handlung und daher Absicht haben. Wo eine Absicht, ist kein Chaos, keine Bedeutungslosigkeit. Was immer auch wahrgenommen wird, es wird mit der Frage nach deren (menschlicher) Absicht identifiziert. Der Frage nach dem „Warum" (Experiment, Forschung) geht die „Absicht" voran. Was innerhalb des Tests selbst sich vollzieht entwickelt sich absichtslos, das beabsichtigte Ergebnis wird dann mit einer Erkenntnis, die der Wissenschaft, belegt. Deren Erklärungen sind, sich selbst unwiderlegbare

Absichtserklärungen. Religionen vermitteln den flehenden Bedarf an Absicht, ein schaffender Gott darüber verfügt. Die Allmacht Gottes! In ihr bündeln sich die auf Erden vermißten Absichten. Die Welt in der wir leben, kennt keine Absicht, daher keine Handlung. Woher sie ist? Sie kommt vom Erzählen, dem Berichten, der Aufforderung. Mit dem ersten Satz ist sie da. Eine jede Wahrnehmung wird als Handlung verstanden und als solche weitergegeben. Die Aussage gerät immer zur Handlung. Sprache ist Handlung, sie ist Ich-bezogen. Der Mensch denkt, Gott lenkt. Das heißt, es geschieht! Selbst eine Ansammlung von Absichten (eben deshalb), wie sie sich in der Geschichte, der Technik u. a. als solche darstellen, ergeben keine Handlung, denn die zu erkennenden Absichten lösen sich in Entwicklungen auf. Letztlich zeichnet sich ein Design an ihnen ab, das als Gott, als eine Handlung erkannt werden kann, was klammernd auch geschieht.

Die Worte reihen sich in Sätzen zu einer Aussage, zu Bildern. Der Homo sapiens sieht in Bildern. Bilder, die es nirgendwo gibt, derer er bedarf, um das, was es da nicht gibt, zu erfassen. Und so reihen sich Bilder aneinander. Bilder, die aus zugefügter, überschaubarer Begrenztheit, – dem Rahmen – sich bilden. Der ist nicht willkürlich gezogen, er ist sinnenhaft, hat eine Aussage, die sich aus einer Frage und der Antwort ergibt. Bilder sind Sätze, mit deren Satzaussage. Um im Chaos sich zurechtzufinden, bebildert der Homo sapiens es, fügt Bilder zu einem Mosaik, in ihm sich zurecht findend. Das unterscheidet ihn von der Fauna, die nur über stationäre, satzlose Bilder verfügt. Das Universum fügt sich, aus den Sinnen entsprechenden Bildern, vom Wort geformt.

Das Aufdecken der Worte Mysterium, erliegt – angewiesen auf das aussagende Mittel – dem Wort. Die Farbe, z. B. Rot, läßt sich eben nicht mit dem Hinweis auf Rot erklären, dazu müßten andere Farben her. Das Maßsystem, es baut sich gleichermaßen auf. Und so bleibt es ein Mysterium oder eben eine anzunehmende Alltäglichkeit.

Einer der Versuche, mit Worten hinter die Worte zu kommen.

Die – unsere – Welt dem „Ich" als Zentrum des Universums erliegend, ein Konvolut von untereinander verglichenen und ausgeschiedenen Wahrnehmungen. Ein Relativieren, Differenzieren sinnlicher Eindrücke, in dem sich eine Struktur, ein Maßsystem findet. Aus der

Differenz zweier Eindrücke – und nur aus dieser, der sich auftuenden Spanne – drängen sich wertend Erklärungen auf (Grundrechnungsarten, Plus – Minus), die als wahr wahrgenommen werden. Von dem Augenblick an, dem des Unterscheidens (der Spanne): „Ist das eßbar oder nicht?" (Informationen), begann die Welt, so wie wir sie wahrhaben, an eben dieser, sich ergebenden Spanne (Differenz) sich zu formieren. Es ist ein sich Deuten des Vorgefundenen. Unser differentes Wahrhaben, die Definition der Divergenz (plus oder minus, oben oder unten), die Subtraktion selbst ist es, die Materie erstehen läßt, eine abstrakte Ordnung sich aufbaut, ein Weltbild sich ergibt, voll und ganz unserer Vorstellung entsprechend. Es kann anders auch gar nicht sein, denn wäre es so, würden wir es nicht verstehen, nicht wahrnehmen. Der Stein, oder was das auch sein mag, ist schwerer als der daneben liegende. Durch das Abwiegen, das Differenzieren – eine Entdeckung – wird er nicht nur wahr genommen, ein Wert entsteht in der Spanne von dem einen zum anderen – Rückschlüsse im leeren Raum – und wird real. Bausteine schichten sich auf, ergeben alles Wissen und das Universum. Läßt sich diese gewagte Aussage denn auch ernsthaft aufrecht erhalten? Als provokantes Infragestellen jedenfalls. Nur Empfindungen, sie allein sind es – Gefühle, die ursprünglich und echt sind.

Der Mensch vergleicht, Spanne, Fuß, Elle, das Harte mit dem weniger Harten, das Große mit dem weniger Großen, mißt, greift, begreift, gliedert macht sich eine Ordnung, ein „als ob", überträgt sich auf das, was er Umwelt nennt. Der Mensch begreift greifend, nachfolgend, handelnd, reihend, linear, begrenzt, in Spannen, eins nach dem anderen. Vielleicht auch darum, weil eben „nichts nacheinander geschieht". Und er macht sich den Kalender, und in der Patience findet das Bedürfnis, der Reihe zu entsprechen, seine Befriedigung und Bestätigung. Und da wäre das Sammeln. Der Anthropologe würde diese Leidenschaft auf die Anfänge der Menschheit zurückführen. Das Sammeln als eine archaische Form des Jagens. Aber es steckt anderes dahinter: Es ist ein Ordnen, ein Ablegen nach einem sich selbst vorgegebenen Raster, es ist die Sehnsucht nach einer Handlung, dem unerträglichen Chaos entgegen, die sich in der Vollständigkeit erfüllt.

Mit der Annahme eines Maßsystems, der Bestimmung, einer aus der Luft gegriffenen Seitenbestimmung, ein Links und Rechts schafft er sich einen fiktiven Standort, ein Netzwerk, findet – es dehnend – hinein in eine „Unendlichkeit". Jedes Maß ist bloß eine Übereinkunft, das Metermaß definiert sich als der 40millionste bzw. vielfache Teil seiner selbst. Das Kilo, und eine angenommene Menge von Wasser tauschen sich gegeneinander aus. Eine Annahme wird zum Vergleich genommen. Wie die, der Stimmung unterliegender Auslegung, ob „halb voll oder halb leer und von dem was drinnen ist" eine der Stimmung unterliegenden Interpretation. Wie sehr das Vergleichen der – daran gewöhnten – Wahrnehmung eigen ist, wird in dessen Komik deutlich. Ein Hüne auf einen überdimensionierten Sessel gesetzt, schrumpft, erliegt der bildlichen Dominanz des Sessels. Aber verstellt denn nicht auch das Maßnehmen, das angenommene Vergleichen, die Einsicht in tiefere, andere, oder gar keine Zusammenhänge?

Eine Annahme (eine übereinkommende Einbildung), wie der Wert des Goldes, regelt das Gebaren, schlägt sich zu Buche, doubelt weltweit die Wirtschaft, gibt das Geschehen vor, sie zieht nach, kreiert Zerstörung (Krieg) und Wiederaufbau (Frieden) Warum gerade Gold, ist eines der unergründlichen Menschheitsrätsel, eine Fiktion. Gold, Geld, Religion, Wahn wie gekommen werden sie vergehen.

Der Mensch, der Natur gegenüber, sucht staunend nach deren Schöpfer und kommt aus dem Wundern nicht heraus. Erhabenheit (Ethik) kommt in der Natur nicht vor, sie wertet nicht, wie auch kein Stein es tut, es ist der Mensch, der einen ihm entsprechend, zu überblikkenden Rahmen anlegt, um zu einem Bild zu gelangen und sich drinnen wähnt. All die Wunder, die vier Dimensionen, eingeschlossen in einer brodelnden Einheit, heben in ihr sich auf. So muß der Seelachs seine Laichplätze nicht finden, er sucht sie auch nicht, kennt keine Kartographie, er treibt, er schwimmt nicht einmal, keine 1000 Seemeilen, er erbringt keine Leistung, er lebt, wenn schon, eingeschlossen in einem Element, zeitlos – elementar.

Wo sind die sogenannten Naturgesetze denn in der Natur zu finden? Das Wort „Gesetz" läßt eine unumstößliche Vorgabe annehmen, die aber gibt es nicht, es ist eben so wie es ist, chaotisch hat es sich gefunden und gefügt. Die Ausrichtung wird ihr zugedacht. Die Differenzierungen, aus denen alles hervorgeht, sie sind nicht zu finden, formuliert werden sie festgelegt, erfunden. Wo ist die Zeit, die Pferdestärke, das Hebelgesetz und – und all die anderen? Sie sind angenommen, gemacht, erdacht. Sucht bestätigend, sie vorzufinden. Eingeschränkt in ein „von – bis" werden sie begriffen, interpretiert, implantiert und aufgebaut. Mathematik, erfundene, sauber exakt aufgebaute Zahlenkombination, somit abstrakte Begriffe, „Plus/Minus" Austauschspiel, ein Modell der Frage-Antwort Logik entsprechend. Sie setzt voraus, daß der Wert der in Rechnung gestellten Faktoren konstant sei wie die der eingesetzten Zahlenbegriffe, was nicht zutrifft, nicht zutreffen kann. Die Natur kennt keine Gesetze, keine Vorschriften, nicht einmal Gegebenheiten, sie werden ihr aufgedrängt. Das Wasser, es fließt, oder auch nicht. Weder die Flora noch die Fauna, noch sonst wer oder was, wundert sich, nur der Mensch tut es, sucht gespalten nach einer Erklärung. Wunder, geheimnisvolle Absichten werden existent, und als solche wahrgenommen.

Studien an dem Projekt Natur, um kopierend ihr auf die Schliche zu kommen, stellen bewundernd fest, daß sie es sich richtet. Absicht drängt sich somit auf, wenn nur die Vergänglichkeit dem nicht entgegen stünde. Begegnungen sie zeitigen nicht bewertete Ergebnisse.

Die Handlung, in der Sprache angesiedelt, ist nicht zufällig. Das Schildern eines Geschehens hat Absicht, einen Anfang und ein Ende. Diese Absicht erlangt festen Bestand und überträgt sich auf die Erscheinung. Eine Reflexion wie die des Sonnenlichts an dem blinden Objekt – und erstrahlt jetzt erst in allen Farben des Regenbogens. Singen die Vögel? Sie singen nicht – sie rufen.

Ob es an den Gehirnteilen liegen mag, die sich den Ball zuspielen? Ist es der Konflikt zwischen Gehirnstrukturen? Den ältesten, reptilienhaften, vor denen noch das Denken (reagieren) des Körpers, der niederen Säugetiere, der Hinzugekommenden der späteren Säugetierzeit, die miteinander hintergründig kommunizieren? Unbewußt werden Wahrnehmungen aufgenommen, zugeordnet, auswirkend gespeichert. (Fauna) Es liegt nahe, ein unbewußtes Bewußtsein anzunehmen. Ein Gottgedanke!? Oder aber eben ein Regelwerk. Ist es die dem Denken gegenüberstehende Sprache, die das Gebäude wachsen ließ? Der Aufbau der Sprache, die Grammatik, läßt die denn nicht die Erkenntnis zu, daß deren Gesetzmäßigkeiten sich nicht nur auf sie beschränkten, deren Zusammenhänge auch in profanen Gebieten sich auswirkten. Wie auch immer, das Denken vermag an sich zu denken, in Worten. Eine Reflexion in sich, eine Rotation, mit Hilfe eines Mediums, eines Balls, der daraus sich ergebenden Sprache. Die Sprache bedarf der Widerrede, sie lebt von der Widerrede, sie ist Widerrede und widersprüchlich. Ein Für und ein Wider – Ursache und Wirkung, ein Überliefern und sich Fortentwickeln. Ein Denkgebäude entsteht – all das, was es gibt. Oder aber es ist einfach so, daß das Gehirn das anlegt, was in ihm, strukturell wie in all dem anderen auch, von Anfang an, sich ergebend, steckt.

Da ist der Apfel, der vom Ast sich löst, von oben nach unten, zu Boden fällt. Ein Bild, es hat Handlung. Der Apfel (männlich) „löst sich los", er tut etwas. Er fällt von „oben" nach „unten" zu „Boden" – tut er das? Es geschieht! In einem aufgebauten Szenario, dem Bild, tut er es. Die „Realität" widerspricht dem nicht! Aber, und das ist keine Spekulation, der Apfel löst sich weder los, noch fällt er irgendwo hin, es ist nur ein Bild. Ein auf einem Ast sitzender Vogel würde sicher nicht sagen, daß der Apfel herunter fällt, sondern, daß er wegfällt oder für uns einsichtig, daß er hinunter fällt. So wäre seine Sicht. Der Wortlaut „man sieht hin" führte zu der verfälschten Auffassung, *„dass das Auge Lichtstrahlen aussendet"* (Empedokles).

Die Sprache bildet den Satz: „In der Nacht strahlen die Steinwände die tagsüber gespeicherte Wärme aus". Die Sprache gestaltet, gibt sich darin zu erkennen, unterschiebt eine Handlung, eine Absicht, dort wo es keine gibt. In der Realität der Materie, dem Hin und Her, agiert nichts, nichts wird wahrgenommen, nichts interpretiert. Es gibt keinen Tag, keine Nacht, keine Wärme und es wird auch nichts gespeichert. Schwerkraft, Anziehungskraft, Kraft, das Wort impliziert ein Tun, eine Handlung, aber sie tut nichts, sie ist da, durch die Wahrnehmung. Fällt die weg, bleibt ein Zustand oder bedeutungsloses Nichts.

Mit dem Benennen werden die Dinge ident. Was nicht benannt wird, existiert nicht. Auch Gott wird damit nachgewiesen, dreht den Vorgang damit um. Wahrgenommen werden in der Rede bedeutet existieren und die Alten sagten ahnungsvoll: „Alles was geredet wird, kann auch passieren“ – ein „Herbeireden“. Das was irgend einmal ausgesprochen wurde, für immer in der Welt bleibt. Pygmäen, auf einmal herausgetreten aus dem Dschungel, sahen weit in die unbekannte Ebene hinein, Elefanten am Horizont, die sie als ihnen vertraute Ameisen ansprachen. In dieser Patenschaft agiert der Mensch. Das Bewußtsein bedarf der Symbole. Erst mit ihnen wird es inne. Er, dessen Bewußtsein mit der strukturierenden Sprache wurde, dem Wort, mit ihm die Welt. Die Sprache ist es, die die Dinge vom bloßen Sein zum Bewußtsein bringt. So ist die Welt des Wurmes eine andere als die des Vogels. Und doch, sie ist nicht, sie ist erst mit dem Bewußtsein. Und so ist die Welt nicht, nicht durch das Bewußtsein, sie ist das Bewußtsein und verändert sich mit ihm und hört auf, wenn es aufgegeben wird. Wenn auch der Wurm sich krümmt, ohne ein Wort dafür zu haben, die Welt ruft er nicht ab. Kommt diese von außen oder von innen? Wer oder was ist das Objekt? Ist es der Schmerz oder das Ding des Anstoßes? Das Wort orientiert sich an dem Schmerz. Das Wort schafft eine Scheinwelt. Sie bewegt sich weg von dem, was der Wurm empfindet. Ohne das Wort ist die Welt, die unsere, nicht. Die Welt, ein Produkt (Abklatsch) der Funktion des Gehirns, der sechs(!) Sinne, dem Für und dem Wider, so wie die Welt des Wurmes eine andere ist. Sprache, Ursprung und Inhalt des Denkens, beeinflußt die Wahrnehmung der Realität, sie entspricht dem Wort. Und die endlose Frage: Und woher kam das Hirn? Materie verschlingt sich in sich.

Wer oder was beweist, daß das Wort das Ding erstehen läßt und nicht das Ding das Wort? Nicht das Ding an sich, das Wort, den Namen veranlaßt, es ist die Bedeutung die dem Ding beigemessen wird. So ist ein Raubtier ein Raubtier weil es dem Menschen Fleisch wegfrißt. Daher nicht Jagdtier oder Beutegreifer. In der wortlosen Welt, dem Paradies, gab es kein Ungeziefer, kein Unkraut, keine Raubtiere. Auch keine Arbeit. Die Bedeutung ist nicht vom Ding. Was nun aber ist das Ding? Das Geheimnis oder doch das Enthüllende liegt in der Konformität, der Übereinkunft. Mit einer Mitteilung allein ist es nicht getan, sie erst muß gedeutet werden und das geschieht nicht der Aussage des Wortes nach, auch nicht des Satzes, des Kontextes – in ihm verändert sich das Wort – es bedarf der Intuition und die hält sich nicht an das Wort, sie wurzelt in der Kontinuität, die wurde durch das Wort.

Die Afrikaner sagen: „Die Affen haben das Reden sein lassen, damit sie nicht zu arbeiten brauchen“ Es wurde schon auch versucht, wann war das denn nur, auch Affen am Fließband zur Arbeit anzuhalten? Vergeblich, denn solange sie Spaß daran hatten, taten sie mit, dann ließen sie es sein. So mußte wieder, als besser geeignet, auf die menschliche Arbeitskraft zurückgegriffen werden.

Die Sprache erweist sich nicht als unzulänglich, nicht, weil sie nicht vermag, die Wahrhaftigkeit wahr wiederzugeben, sie ist unwahrhaft, da sie die alleinige Wahrheit ist. Das Unbehagen kommt aus dem Unvermögen, ein Ding wahr, das heißt: handlungslos zu beschreiben. Wobei das Ding ihre, der Sprache, Schöpfung ist. Sie kann nicht rückgenommen werden und so kann sie nur Zuflucht suchen zu dem was vordem war, dem Schweigen. Das Schweigen, Verweigerung, Widerstand. Da droht der Baron mit seinem Pferd im Morast zu versinken. Kurz entschlossen packt er seinen Zopf, zieht sich mitsamt seinem Pferd, das er fest zwischen seine Knie schloß, wieder heraus. Höher und höher.

Ein Paradoxon, das sich, in sich geschlossen, in Gang hält. Die Art und Weise des Wortes, seine Bedeutung, belegt sich mit dem „Bereden“ von Krankheiten an Mensch und Tier. Allem in der Welt, die die des Wortes ist, auch dem Schmerz, kann, und das geschieht diesem Aufbau folgend, wieder nur das Wort entgegengehalten werden. Dabei ist es für die Darstellung ohne Bedeutung, ob das Be-Reden wirkungslos bleibt, das Wissen schlägt durch, das um die Schöpfung der Sprache weiß. Die Wirkungsweise gibt sich im Vorgang zu erkennen. Das Wort – und wie anders könnte es denn auch sein – wird dem Wort entgegengesetzt und hebt es auf. Oder soll es aufheben. Es wird widerrufen, gebannt.

Hierher gehört auch das des Verschreiens und das verschrien und verrufen Sein. Daß das mit dem Patienten sich Beschäftigen tröstlich ist und auch das Wort lindernd Eingang findet (Gesundsprechen, Zuspruchstherapie), muß angeführt werde, ist aber für die Betrachtung nur Ergänzung. So ist auch auf die Psychotherapie hinzuweisen, bei der das Wort das Unbewußte dem Bewußtsein heilend vermittelt. Eiternde Wörter quellen hervor, Wörter eines im Unterbewußtsein abgelagerten Textes.

Das Wort, ein Medium mit spirituell magisch erscheinenden Eigenschaften. Es vermag, das Bewußtsein manipulierend, in die Psyche einzudringen. Worte formen das Bewußtsein. Umdeutungen des Wortsinns werden aufgenommen, akzeptiert. Sprache beeinflußt das Verhalten, bestimmt das Empfinden. Bewußtseinsverformungen geben sich in der Ausdrucksweise zu erkennen. Sie die Magie aber erklärt sich als das, was das Wort von Anfang an bewirkte, als Taufe setzte es den Ausgangspunkt für weitere Betrachtungen. „Teuerung" wird als „Angleichung" ausgewiesen und angenommen. Nicht das Auto ist abgestellt, sondern „ICH" stehe dort und dort, eine vielsagende, deformierte Identifikation. Wetterbericht: „Die Sonne wagt sich nicht hervor." Die Sonne tut gar nichts, der Mensch projiziert. Wie sehr das Wort, einschleichend, das Bewußtsein zu manipulieren vermag, läßt sich darin erkennen. Die Sprache an sich verrät vieles.

Das sich „Mitteilen" wieder ist unbestritten ein sich Entgiften und Erleichtern – und es heißt ja auch treffend „es sich vom Herzen reden". Die Bedeutung des Zuhörers wird dabei allzu leicht überschätzt. Wie immer beide zueinander stehen, selbst wenn der Zuhörer taub wäre, das Wort ist das Element, hat Schwere, erleichtert kann es ausgespien werden, es muß heraus. Ein alter Volksspruch sagt, wer nicht spricht, zerbricht.

Es wird berichtet, daß es in China der Brauch sei, zu einem bestimmten Tag im Jahr im Kreise der versammelten Familie sich die Ohren mit Wachs zu verschließen und so dann den angesammelten Unmut des ganzen Jahres von sich zu geben. Nachher sind die Missstimmungen ausgeräumt, gereinigt umarmen sie einander glücklich und versöhnt.

Selbst das Niederschreiben, das schriftliche Gespräch, das sich damit Auseinandersetzen, lindert, hebt Quälendes auf (Tagebuch).

Die Begegnung. Sie stehen beisammen, reden, reden. Man möchte meinen, wichtiger als das Essen und Trinken ist das miteinander Reden und so dürfte es auch sein. Es geht ums Reden, ums Miteinander, ein zutiefst soziales Kommunizieren, um der Stimme Berührung, den Austausch, das sich Mitteilen, es befreit von sich selbst. Und sie gehen auseinander und ein jeder trägt Eingewechseltes mit sich. Durch das Reden kommen die Leute zusammen, ebenso aber geraten sie, der Meinungsverschiedenheit wegen, auch aneinander, die Salzkarawanen monatelang in der Wüste unterwegs sich deswegen Schweigen auferlegen.

Sie kommen in einem Geschäft nebeneinander zu stehen, er und die Frau, Mutter eines dreißigjährigen halbseitig gelähmten Mannes, wie sie es ihm zu erzählen beginnt, für den sie einkauft. Sie dankt es ihm nachher vielmals, daß er ihr zuhörte. Das sich Freireden müssen, kommt in der Beichte den Priestern gelegen und wird von ihnen auch gefördert.

Weit und breit kein Gesprächspartner mehr, ein Vakuum, ein Verstummen, Sprachverlust – Vereinsamung. Beschwerlich steigt der alte Mann aus der Schnellbahn. Steht nun, auf einem Stock gestützt auf dem Perron, schaut um sich, so, als ob er sich nicht zurecht fände. Wonach er sucht ist jemand, mit dem er, der Einsamkeit entkommend, ein paar Worte wechseln könnte. „Reden ist Sein". Reden, ein Bedürfnis, gestaltender Stoffwechsel. Verhaltensforscher meinen bei der Beobachtung von Affen, daß aus dem Schmatzen das Lächeln, aus dem Kraulen der Tratsch und Klatsch wurde, eine angemessene Form sozialer Kontakte. Hätten wir noch ein Fell, würden wir, bei dem heutigen Bevölkerungsstand, die Hälfte unserer Zeit mit Kraulen verbringen müssen.

Ameisen, in Reih und Glied eilen sie, die einen hin, die anderen her, aneinander vorbei, ihren Aufgaben nachkommend. Auf einmal begegnen sich zwei, verharren, haben sich etwas mitzuteilen. An ihnen vorbei ziehen die anderen weiterhin ihre Bahn. Brandheiße Neuigkeiten tauschen beide aus, bis ihr Auftrag im Geriesel wieder Oberhand erlangt und sie weiter hasten.

Alles, aber auch alles, bis zum nichtigen Staubkorn, hat Sinn, ist eingebaut in die Schöpfung. Darin weiß man sich beachtet und geborgen. Alles nicht vom Menschen Geschaffene ist wohlgeordnet, abgestimmt aufeinander, paßt einem Puzzle gleich exakt ineinander. Das kann kein Zufall sein. Ohne Gott könnte die Welt mit ihren Naturgesetzen nicht so wunderbar zusammenpassen. Die Entwicklungen sind demnach keine, es sind gesetzte Handlungen, denn wie sonst fänden sie so wunderbar zueinander? Hinter all dem Leben findet sich eine gestaltende Kraft, die sich als Gott bezeichnen läßt. Was macht das schon, ob sie sich ergibt oder besteht, ob Christus oder Gott.

Das Leben, es ist nicht so oder so ausgestattet, um lebensfähig zu sein, wie angenommen wird, sondern, durch die sich ergebende Ausstattung bleibt es lebend. Auf die Sprache ist eben kein Verlaß, sie informiert zwiespältig, denn was ist nun als vorrangig zu interpretieren, das Leben an sich oder das es Erhaltende?

Ebenso stellt sich auch nicht die Frage wieso, sondern warum? Darauf aber gibt es nur die eine Antwort, alles rundum hat Sinn, unterliegt einer Absicht. Von woher kann eine solche kommen? Eben nur von Gott. Man stelle doch die Frage anders, nach wieso. Sogleich stellt sich das Universum anders dar. In ihm gibt es nun keine Handlung mehr, sondern aufeinander einwirkende Entwicklungen die sich im Gleichgewicht finden und in ihm bestehen. Das Gleichgewicht ist nicht beabsichtigt, es ist ein Zustand. So wie auch das Gestirn kreisend im Gleichgewicht sich findet. Die Selektion der Gene vollzieht sich nicht, um nur gesunde weiter zu geben, es steht keine Absicht dahinter – obwohl es nahe liegt, eine solche anzunehmen – sondern lediglich Bestandunfähigkeit. Varianten bleiben durch Zufall bestehen, oder durch einen Bestandsvorteil. Die Anlage ist, wie gerne argumentiert wird, um eine Absicht zu beweisen, auch nicht intelligent. In der belebten Welt lassen sich unzulängliche Entwicklungen erkennen, die einem intelligenten Aufbau widersprechen. Die Wörter „Warum" und „Wieso" werden fast immer verwechselt und falsch angewendet. Denn es ist eben doch nicht das Gleiche, ob gefragt wird: warum läuft ein Motor oder wieso läuft er? Historiker fragen daher nicht nach dem warum, sondern nach dem wieso, um eine nicht zulässige Stellungnahme auszuschließen. Sie ordnen Fakten nach deren Datum – daraus sich Zusammenhänge ergeben. Und flugs hat sich ein Pseudo-Warum eingeschlichen.

Warum regnet es, fragt das Kind? Ja, warum regnet es wirklich? Regnet es, damit etwas wächst? Wenn dem so ist, so wäre das ein wundersames Fügen, wie kann es anders sein, göttlicher Absicht. Wie aber, wenn es wächst, weil es regnet, was dann? Es wäre weiterhin nicht minder wunderbar, nur die göttliche Absicht hat einen Riß. Es bleibt „nur" mehr eine fragwürdige „Absicht", die einer sich anpassenden Reaktion und nicht mehr die der Planung. Das Wort, der Name, er trennt nicht sauber das eine von dem anderen und wird zum Glaubenssatz. Man kann, wenn man so will, auch hinter materiellen Reaktionen mehr als nur solche vermuten. Selbst von Gegebenheiten, wie die, daß ein Stein nach unten fällt, lassen an vorgezeichnete Entwicklungsmöglichkeiten denken, wie an die einer Vorsehung. Das was Gott ausmacht, die Formel, die dem Leben zugrunde liegt, es werden und gedeihen läßt, ist endgültig, jegliche Fragwürdigkeit ausschließend, noch nicht festgeschrieben, wie etwa $E=mc^2$. Birgt sich aber hinter dem Forschen nach Zusammenhängen, dem Ermitteln, dem dokumentierten aufeinander Abstimmen, denn auch nichts anderes als ein Wunschdenken, wie das in einem Gebet, um in einer von einem Singsang bestimmten Welt getröstet, Lebensängste aufhebend, sich zurecht zu finden? Ein sich ergebender, unendlicher, drängender Samenstrang, in, oder aus der toten Materie hält das Leben am Leben. Ist er das Eigentliche und wir, das Leben, sind lediglich nur dessen Relais, Liebe anfügend? Der Weg hin zum ewigen Leben führt über das Leben, denn, soll das Durchgestandene nichts gewesen sei? Hat all das durchgemacht und stirbt letztlich doch?

Bewußtsein, – ein Widerspruch in sich, ein Paradoxon. Das Nichts in ihm sich spiegelt. Die Spiegelung, sie allein ist alles. Das Bewußtsein projiziert eine Umwelt, projiziert so sich selbst, nimmt sich wahr an einem Spiegelbild. Die Frage nach dem Warum erliegt dem Widerspruch, dem Paradoxen. Und so gefällt sich auch die Philosophie im Radumschlagen, denn was könnte sie auch anderes? Sie stellt fest: Ein Stein ist ein Stein, weil er ein Stein ist. Sie sucht eine Erklärung, indem sie die Erklärung erklärt. Sie tut, als ob sie den einzuschlagenden Weg weist, und tut doch nichts anderes, als das zu erklären, was ohne sie ist. Sie interpretiert, hört das Gras wachsen, und hört fasziniert dem nach. Müßiggang, Anfang aller Philosophie. An der Sprache liegt es. Sie ist es, die Absicht in die Welt trägt, in eine Welt, die durch sie ist. Sie vergibt Namen, das bedeutet, daß durch die Benennung der Frage mit ihr die Antwort zustande kommt. So begann es.

„Gott schuf den Himmel und die Erde.“ Eine Aussage wie sie aufschlußreicher nicht sein kann, denn, formuliert von der Menschen Tun, wird sie das Geschehen sich erklärend, einer Persönlichkeit übertragen.

Die Macht der Sprache ist es, die der Leere einen Namen gibt, und sogleich ist die Leere keine Leere mehr. Bei der tauben Nuß stellt sich sogleich die Frage, ist sie von Nutzen, taub oder nicht? Die Nuß ist nicht mehr nur taub. Die Einschätzung, daß es sich um eine taube Nuß handelt, beruht lediglich auf einer Erwartung, die nicht von der Nuß kommt. Die Nuß ist Anlaß für einen Vergleich. Sie wäre nur dann taub und ein Versager, käme sie einem Auftrag nicht nach. Sie aber hat keinen Auftrag zu erfüllen, es ist kein Weitergeben, keine „Handlung", wie voreingenommen, sprachlich bedingt, ausgelegt wird. Sie hat sich aus einer Evolution ergeben. In einer solchen ist es nicht relevant, ob taub oder nicht. Unendlich viele „Schöpfungen" verliefen sich sang- und klanglos.

Einige bestehen. Rückblickend zeichnet sich hinter jeder eine Planung ab. Doch nicht mehr, als des Wassers Absicht, bergab in das Meer zu rinnen.

Man kann sich auch fragen: Bleibt bei der Beschreibung der Leere die Leere erhalten oder wird sie durch die Beschreibung entstellt oder gar aufgehoben? Das würde bedeuten, daß es nicht möglich ist, die Leere zu beschreiben. Wird sie aufgehoben, das scheint so zu sein, dann von einer Fiktion, einer Annahme. Die Leere wird überdeckt von der Beschäftigung mit ihr, der Beschäftigung mit der tauben Nuß.

Ein „Sichmitsichbeschäftigen", sich selbst begegnen, ist menschliches Leben. Und das ist durchaus nicht negativ gemeint, wie vielleicht missverstanden werden könnte. Es ist auf sich gestellt, sich erkennend. Der Mensch, und es kann anders auch nicht sein, er ist es, der die Betrachtungen anstellt, er die Welt zusammenpaßt, seine Sicht auf sie projiziert. Es ist kein Entdecken von Zusammenhängen, es ist ein, in einem solchen sich zurecht finden.

Wie soll das, was es nicht gibt, denn bewiesen werden? Der Beweis ist nicht zu erbringen, nicht weil es es gibt, sondern weil es es nicht gibt. Der Gegenbeweis auf Grund von Rückschlüssen (Indizien), daß es es gibt, beschreibt wortreich ein rundherum geschaffenes Loch. Der Rückschluß ist zulässig, nur, ist damit das Loch bewiesen? Es ist der Rand, der das Loch macht und nicht das Loch den Rand. Der Rand ist die Basis, von ihm aus ergibt sich der Absturz, das Loch. Es ist imaginär, es definiert sich durch den Rand – den Rand, der jener der Worte ist. Mit dieser Bedingtheit eröffnet sich ein „Mysterium". Auf einen Rand muß etwas folgen. Es muß, mit mathematischer, gedanklicher Präzision, etwas folgen. So wie auf das „Ja“ das „Nein“ und das „Nein“ auf das „Ja“. Das eine ist durch das andere. Mit dem Widerspruch eröffnet sich ein Mysterium und zerfällt in ihm. Es ist eben so, das Denken hat es so an sich, sich die Frage zu stellen, welchen Sinn es habe, und findet sich, sich kehrend, im Irrationalen. Wo auch sonst? Das ist kein Zufall, es entspricht voll der Fragwürdigkeit des Denkens. Denken? Macht das Denken die Sprache, oder die Sprache das Denken? Die Entwicklung des Gehirns und die der Sprachfähigkeit bedingen einander. Je ausgefeilter die Sprache wurde, desto mehr wuchs das Hirn. Ist die Sprache die Leiter des Denkens, dann ist ein jedes die Reflexion des anderen. Denken, die innere Sprache zur Verständigung mit sich selbst. Fühlen und Denken, gehen ineinander auf. Denken, Gefühle, verinnerlichtes Denken. Das Denken ist ein Reagieren auf Gegebenheiten, die durch das Denken sind. Das Denken ist von sich abhängig. Dem Denken entspringt der Gedanke, auf einmal ist er da, aus verschlungenen Strukturen zugeflogen, kann nicht nachvollziehen, woher, hält ihn fest, flüchtig, wie er ist. Es denkt sich ständig zwei- und mehrschichtig, gleichzeitig, und hört nicht auf zu denken, bis in den Schlaf hinein. Es denkt das Denken. Gedanken kommen hoch und sind wie eingegeben da und werden aufgegriffen. Die chaotisch einher schwirrenden Worte, denn Worte sind es, wenn auch unausgesprochen, unausgegoren, entsprechen nicht den Regeln der Übermittlung. Sie sind zusammenzufassen, zu ordnen, dem Verständnis anzupassen. Sie haben der Konvention zu entsprechen, einem Rhythmus, dem Wohlklang und der zu übermittelnde Gedanke, ist nicht mehr der, der er war, seine Ursprünglichkeit ist ihm genommen. Die Sprache, sie formt den aufkommenden Gedanken.

Die Eingebung, sie ist wie zugeflogen, erleuchtet, von wo denn sonst als von einem Gott und sie schrieben nieder ihr irdisches Leid, die ewige Sehnsucht nach Gleichheit, Brüderlichkeit, und Erlösung. Geschrieben von Menschen wie Du und Ich. Von Religionsstiftern als Thora, Bibel, Koran, zusammengefaßt. Es ergeben sich zwei Lesarten: Die Erfüllung bleibt dem Jenseits vorbehalten, oder aber es ist eine dokumentierte, dem Menschen ureigene Forderung.

Buchkritiken z. B. sollten daher nicht so abgefaßt sein, daß der Autor besprochen wird, es sei denn das ihn bestimmende Umfeld, sondern, daß es in ihm wurde, er lediglich den Katalysator abgab für einen dialektischen Prozeß. Kreative Leistungen sind immer Resultat eines sozialen Prozesses, bei Einzelnen kondensiert und transformiert es in ein „Resultat". Ihr Verdienst ist es, die Mühe auf sich zu nehmen, hinzuhorchen, es festzuhalten und auszutragen.

Mit einiger Aufmerksamkeit lassen sich Funktionen des Denkens schon auch ganz gut zurück verfolgen. Wird der Anstoß erkannt, Eckpunkte, Erreger (ein Wort, ein Eindruck, eine Erinnerung, eingeübte Routine), die Gedanken auslösen, Schaltkreise, Pseudo-Handlungen in Gang setzen, wie z. B. nach einem Ding zu greifen, das nicht an der Reihe ist. Wahrnehmungen, fein säuberlich getrennt, in Fächern abgelagert, haben sich verschoben, der Index trifft nicht mehr zu, der Mensch greift in ein falsches, oder auch nur verdrehtes Fach, und steht – wenn er es merkt – verdattert da. Es ist mit Sicherheit nicht nur Abwesenheit, der Gedanke geriet auf eine falsche Weiche die in eine falsche Richtung, und zu einem Fehlgriff führte. Ebenso drängen sich abgelagerte Voreingenommenheiten in das Denken ein und werden weiter gegeben. Ein überprüfender Gedanke erst, wenn es ihn gibt, korrigiert. Das darin geübte Beobachten, was sich da abspielt, kann so weit entgleiten, daß das überwachende Denken, verstrickt im Denken in ihm sich verliert. Ist der Gedanke, die Inspiration dingfest gemacht, eröffnet sich ein Geschehen, wie auf einem Rangierbahnhof. Nervenzellen (Ganglien) tauschen Informationen aus, rangieren (Synapsen), es wird an- und abgekoppelt, bis die Garnitur zur Abfahrt bereit steht und *es* wird als „überlegt" – was *es* nicht ist – losgefahren, *es* sich umsetzt in Handlung oder Erkenntnis. Die Rede ist nicht von dem Zustandekommen von Überlegungen, sondern von dem Gedanken selbst, wie er zwischen Abgespeichertem pendelt, von der Sprache geformt als Gedanke dann feststeht.

Und der Eindruck drängt sich auf, beherrscht (geführt, je nachdem) zu sein, was ja auch stimmt, nicht aber von einem überirdischen Wesen. Unübersehbar – läßt sich denn in der Funktion nicht auch ein Zusammenhang, eine dahinter stehende Wirkungsweise, wenn nicht Absicht, einer Göttlichkeit ähnlich, wahrnehmen? Erkanntes wird anerkannt. Die sich ergebende Sicht ist die eines darin Eingebundenen. Ein Suchen, und – „der suchet, der findet auch". In diesen Höhen sich bewegend kann schon auch der Boden unter den Füßen schwinden.

Eigenartig, immer wieder drängen einzelne Passagen, sie nochmals zu überprüfen. Es ist, als ob irgendwo eine Mahnung sitze, daß irgendetwas nicht korrekt sei, das Denken streicht glättend darüber hin, Unebenheiten ertastend und ist letztlich froh, gerät die Unrast ins Vergessen, um endlich Ruhe zu haben.

Da ficht der Fünfjährige mit seinem vierjährigen Bruder. Er sticht ihn mit einem Stab zwischen dem Auge und der Nasenwurzel. Knapp, um zwei oder drei Millimeter an einem Unglück vorbei. Gern ist man bereit, an einen Schutzengel, den die Kinder haben, zu glauben. Wahrscheinlich aber ist ihre Reaktionsfähigkeit erstaunlich groß. Einige Wochen später, wieder kämpfen sie und der kleinere schlägt dem älteren einen unteren Schneidezahn, der Milchzahn war bereits zum Herausfallen, aus. Die Vorhaltungen, daß man das nicht dürfe, hört er stumm an und weist, unbewußt wie es scheint, auf die Stelle am Auge, an der er verletzt wurde. Er kann reden, aber nicht argumentieren, unter der Last der Vorwürfe bleiben ihm die Worte aus. Er will damit sicher nicht zum Ausdruck bringen „wie du mir so ich dir", auch nicht, daß sie nun quitt seien, dazu hätte seine Tat absichtlich sein müssen, sondern er sucht daran zu erinnern, daß auch er gelitten hat und ihm deshalb verziehen werden müsse.

Daß was zu sagen wäre, zeigt sich an der Geste. Demnach wäre der Sprachlosigkeit das Denken voran zu stellen. Es ist aber nicht das Denken, es ist ein sich Winden, ein wortloses, bewußtloses Reagieren auf Worte des Vorwurfes.

Tiere denken, sprachlos, eingeschränkt, empfinden mehr als nur Angst, haben Gefühle, reagieren entsprechend. Sie vermitteln Nachrichten, verständigen sich durch Zurufe, Tonlagen, die Affen mit einer umfangreichen Zeichensprache, nur ist es ihr nicht gegeben, zu spekulieren, konserviert über Generationen hinweg, sich zu verflechten, es fehlt das zu speichernde Wort. Sie verständigen sich, es ist das Heben eines Taktstockes. Sie agieren, reagieren, koordinieren dem sich entwickelndem Konzert entsprechend, bewegen sich in dessen Takt, entsprechen dem ihnen zukommenden Part. Der Einzelne kann versagen, abgelenkt werden, aber nicht durch eine spontane entgegengesetzte Überlegung. Tiere denken, ihr Gedächtnis registriert, es reflektiert eingeschränkt, es fehlt die Fixierung im Wort, als Standort, von dem ausgehend eine Entwicklung sich erst ergeben kann, ihn in Frage stellend. Sie vermögen nicht an das Denken zu denken, nehmen sich nicht wahr. Oder doch, sie erkennen sich, Menschenaffen, Delphine, und neuerdings erforscht, auch Elefanten. Die Frage ist, ob sie, dem Zwiespalt erliegend, sich auch in Frage stellen? Ohne der reflektierenden Sprache wohl nicht. Sie sind eingebunden in die Logik der Natur, unbehindert von einem Überlegen, einem Hin und Her. Sie misstrauen, aber vom Zweifel an sich sind sie nicht geplagt.

Ab wann wird die Hinwendung, das Nachgehen zur Wärme, zum Licht, gewahr? Wann wird Wahrnahme Wahrhaben? Wann Wahrhaben bewußt? Wann das sich seiner bewußt Sein? Ist es ein Lidschlag, dessen Dauer, der das Wahrhaben von der Wahrnehmung trennt? Eine Unterbrechung, die den Funken zieht, den der Erkenntnis, ist sie das Mysterium des Menschseins?

Was wir nicht denken können, können wir auch nicht denken und daher auch nicht sagen und das, was wir nicht sagen können, das gibt es nicht. Was wir denken, können wir auch sagen und was wir sagen, können wir auch denken. Die Sprache macht den Zugang zum Denken möglich. Sie entspricht der Struktur des Denkens, sie ist ein technologisches Konstrukt. Und das erklärt das Lernen als ein Wahrhaben der Struktur. Wie auch das Nachempfinden der Musik, das spielerische Gestalten der Geometrie. 2 x 2 = 4, eine Erkenntnis, die nur durch entsprechende Denkmuster möglich wird. Sind in dem Denken denn nicht alle Rechenformeln vorweggenommen und somit alles Wissen und Sein ein Produkt des Denkens? Es ist kein Erinnern an Gelehrtes, es ist ein Wiedererkennen des Musters im Begreifen. *„Niemand kann euch etwas eröffnen, das nicht schon im Dämmern eures Wissen schlummert.“* Khalil Gibran. Das Denken ist da, das Gedachte aber aufzugreifen, dazu bedarf es des Verstehens. Das Verstehen aber bedarf der Worte. Der Zweijährige, er erhält fünf Zuckerln, nach Tagen reklamiert er, ohne Einsicht zu haben, die zwei restlichen ihm vorenthaltenen. Er hat die Zwei wahrgenommen, ihm aber fehlt das zugehörige, erschließende Wort. Dem Begreifen geht ident Voraussetzung einher. Ein Erkennen im Erinnern, und sei es als Folgerung. Ist das Bewußtsein, das sich seiner besinnt, denn nicht auch ein sich Erinnern? Zersetzt sich die Sprache, aus welcher Ursache auch immer, kann das Denken davon nicht unberührt bleiben.

Denken ist sich Fragen stellen. Die Frage stellte sich erst gar nicht, stünde nicht bereits die Antwort dahinter. Die Antwort, im Hintergrund, souffliert die Frage. *„Jede Frage – und ein Experiment ist ja nur eine materialisierte Frage – setzt die Vorwegnahme möglicher Paralleluniversen, die die Antworten enthalten, voraus."* P.M. Weltgeist Superstar Das aber bedeutet auch, daß das Denken als geschlossener Regelkreis sich wohl fortentwickelt, aber über sich hinaus nicht kommen kann. Das Subjekt und Objekt sind ident. So wie das Möbiusband nicht zwei, sondern nur eine Seite hat. Es ergibt sich ein Erinnern im Erinnern. Ein auswegloses Irren durch ein Spiegelkabinett. Was aber ist hinter den Spiegeln? Ist etwas dahinter? Wo ist die Wahrheit? Das Geheimnis des Spiegels, er enthüllt das nie zu Sehende und läßt in die Unendlichkeit sehen. Zwei einander gegenüberstehende Spiegel reflektieren das zwischen ihnen befindliche kopierend in die Weite des Unendlichen. In ihr die Seele sich findet. Eine Spiegelung, ein Festhalten an ihr, denn außer ihr ist – nichts.

Das Denken, auf den Satz angewiesen, wird zur Handlung und erfüllt sich in Handlungen. Der Mensch handelt demnach planvoll, mit Absichten. Er bedarf ihrer, sie sind ihm Zuflucht und Trost. Er sucht sie dem Chaos entgegen zu setzen, überträgt sie, sich vereinnahmend, mit Eifer, auf zusammen gezimmerte Handlungen. Es gibt keine naturgegebene Tradition, jede Kultur kann auch als ein zwanghaftes Überwinden (Tempelbau) des nackten, realen Lebens, um zu leben, zu erkennen sein. Kultur, ein Konstrukt. Spiele, Tanz, Gesang, gestalten, verdrängen das sinnlose Leben. Von Klängen erfaßt, aufgehend in Tränen lösender Erhabenheit, der Mensch geläutert, zum hilflos weinenden Kind wird. Das ist der Moment, wo der Mensch zum Menschen wird, Göttliches wähnt.

Stiegen, endlose Stufen, hoch empor gestaffelt, an ihnen läßt sich`s würdevoll hinan schreiten, erwartungsvoll bis hin zum Einlaß verheißenden, weihevollen Tor, feierlich Feste sich eröffnen. Divas steigen, allein schon um sich frontal darzubieten, an Stufen eindrucksvoll hernieder. Faszination, durch deren Handlung, der Regel, der Absicht, der zielgerichteten Ordnung. Kreative Arbeit beglückt aus diesem Grund. Sie ist zielstrebig, schöpferisch, hat Handlung. Sinnlose Arbeit, wie die, einen Sandhaufen von einer Ecke in eine andere und zurück zu schaufeln, endlos, – eine subtile Methode der KZs, – vernichtet.

Rituale, ihr Heil findet sich in der Handlung. Erhaben inszenierte Szenen, deren Faszination sonst wo nicht zu finden ist, werden kunstvoll hin, in eine ihnen entsprechende Welt, übertragen, der Erhabenheit bedürfend. Die Konfessionen beziehen ihre Bedeutung, in dem sie das Chaos durch Verheißung einer Handlung aufheben. Die Wirkung religiöser Andacht liegt in deren Reflexion. Immer ist es ein dem Chaos Entgegenwirken, einem Chaos, dem sich die geordnete Auffassung entgegenstellt.

Geschichten haben Handlung. Und der Vierjährige fragt, hineinversetzt in die ihm erzählte Geschichte, ungeduldig, wie geht es weiter. Freilich, den Geschichten wird gelauscht, um zu erfahren, wie sie ausgehen. Doch aufhören sollten sie nie. Sie aber haben einen Anfang, eine Mitte und ein Ende. Sie, die Handlung, sie ist nur erzählt, sie jedoch sollte bis hin in alle Ewigkeit reichen. Die Welt ist wunderbar, so wunderbar, daß sie nur von Gott sein kann. Sie ist nicht von ihm, sie ist vom Wort. Ob der Orden der Trappisten das Gelübde des Schweigens ablegte, um dem Anfang der Zeit, der vor dem Wort, Gott näher zu sein? Wenn auch das Schweigen vom Reden ist und sich derart auch nicht vom Reden lösen läßt, so bleibt es doch als die einzige Möglichkeit, beredt dem nahe zu kommen, das vor dem war, der Stille. *„Das Schweigen läßt unsere Seele erstrahlen.“* Khalil Gibran.

Matthäus fünf, Vers siebenunddreißig: *„Eure Rede sei: Ja, ja; nein, nein. Was darüber ist, das ist von Übel.“* Dementsprechend predigen sie auch in einer unverständlichen Sprache, dem Latein.

Kunst, Nachvollzug des Vollzogenen. Ein sich wiederholender Schöpfungsakt. Reproduktion, der Reflexion durch die Projektion. Projektion, die an ihren Anfang, den der Differenz, sich verliert. In der Kunst bezeugt sich ein sich wiederkehrender Tatbestand. Eine zwanghafte

Nachbestätigung, in Wort und Bild. Kunst ist Anarchie, nicht weil sie sich gegen das Establishment wendet, sie ist Anarchie, weil hinter dem augenscheinlichen Sein, dem des Wortes, nichts zu finden ist, es bei einem Suchen bleibt, die Stille nicht ertragend.

Kunst, ein Moment der Hingabe an die schöpferisch veränderte Natur, durch die die innere Natur wiederholt zur schöpferischen Darstellung drängt.

Das Ego, in panischer Todesangst, sucht, dual bestimmt, nach Erklärung und Beistand, findet ihn egozentrisch kreisend, tröstend in einer Vorsehung und dahinterstehenden Absicht, bettet sich ein im Gottvertrauen, der Einsamkeit entkommend, in Geborgenheit flüchtend. Von Geburt an bang die Frage, wozu? Lebenslang die Suche nach der Halt reichenden Hand, und es eröffnet sich der Glaube. Mit dem Bewußtwerden das ewige Hoffen, Zuflucht im Religiösen findend. Ein sehnsüchtiges, Leben bewältigendes Hoffen, Ahnen und Fühlen, ein Bedürfnis nach Fürsorge. Die Gewißheit, im Glauben nicht allein gelassen zu sein, das erwachende Vertrauen, macht sicher. Religion, ein Anker, berauschender Glaubenssatz. Wer kann und will schon den Verlust eines geliebten Wesens wahr haben? Es tröstet, es ewig gegenwärtig zu wissen. Verzweifelt, wirr, wird nach einer Erklärung, nach einer höheren Absicht gesucht und im Glauben tröstlich gefunden. Einer Mutter, deren Kind ihr grauenvoll stirbt, ist, in ihrer Hilf- und Trostlosigkeit, zu wünschen, daß sie gläubig wäre, um sich zu betäuben. Not lehrt Beten. Im Zwiegespräch, dem Gebet, eröffnet sich Gott. Er ist das Zwiegespräch, Schöpfung aller Dinge und des Seins. Gott ist das Komplementärelement zu einer menschlich ersehnten Vollkommenheit. Die Materie, sie ist kein Produkt eines darüber stehenden Geistes, umgekehrt, er benannte, differenzierte wahrgenommenes als Materie.

Dem Leben ausgesetzt, verängstigt, nach Erklärung suchend, fand sich Halt im Glauben. Die ihn zelebrierten hoben als Vermittler Verehrung gebietend ab. Macht wuchs ihnen zu.

Elemente der Psyche, in Ritualen, Regeln, Zeremonien, Traditionen manifestierend, kommen Zauberern, Schamanen, Priestern zugute, schüren sie, eigene Interessen durchsetzend. Dem Ego, dem Über-Ich widerstrebt die Einsicht als Produkt des Leibes, abhängig, einmal nicht mehr zu sein. Ihm schmeichelt und ihn tröstet die Idee vom ewigen Leben. Erträgt nicht, daß der Tod das Ende des Seins bedeutet. Es ist das die uralte Auseinandersetzung, Geist wider den Körper, ihn missachtend. Hat nicht immer schon, die Menschheitsgeschichte hindurch – oder ist das nicht die Menschheitsgeschichte an sich – diese Auseinandersetzung, das sich Bestätigen, hat der reflektierte, darunter leidende „Geist" nicht immer schon den Körper malträtiert? Eine ewig schon bestehende Tragödie, die Gesellschaft davon nicht unberührt bleibt. Georg Christoph Lichtenberg (1742–1799) „*Wir würden die Funktionen des menschlichen Unterleibs nicht so sehr verachten wenn uns nicht Dünkel und Hochmut im Kopfe steckten*".

Prosaisch: Dem geliebten Haustier wird der Himmel zugesprochen, nicht aber dem Braten, es lüftet ein wenig sich damit der Schleier der Verzauberung.

Der Geist – ein Produkt des Denkens – er ist das Denken, er ist das DAS – das Können, das Wahrnehmen des Denkens durch das Denken. Dieser Widerspruch der Spaltung oder Abspaltung, den das Tier nicht kennt, das in Eintracht mit sich lebt, führt zu Gegensätzlichkeiten, die sich als Anspruch gegen das Leibliche äußern Das Tier, es lebt in ihr, der Mensch mit ihr, gelöst von der Natur. Ein Bündel Materie, Biomasse – Gewebe, Muskelfleisch, Knochen, Sehnen, Nerven – bringt den Verstand hervor, tonal teilt er sich mit, kommuniziert. Und dieser Verstand beansprucht, über dem Bündel zu stehen, will nicht wahrhaben, daß das sich herausgebildete Ego mit dem Fleisch zerfällt. Spielt sich auf, klammert sich egozentrisch Trost suchend daran, daß sein Sein sein wird. Der Geist setzt, was des Fleisches ist, nicht nur herab, ignoriert es, fordert es heraus, seine Überlegenheit, seine Regentschaft, seine Freiheit sich beweisend. Beschäftigt sich so sehr damit, daß an seiner Unabhängigkeit nicht nur zu zweifeln ist, sondern seine Beschränktheit sich darin bestätigt. Das führt in Abgründe des Unverständnisses. Das Ich – ein Schein, woran es leidet.

Kunstwerke – gleich welcher Art – die Gräßlichkeiten darstellen, sind mit inniger Hingabe, ja liebevoll hingewandt, gestaltet. Die dargestellte Lust an der Gewalt ist nicht zu übersehen. Sie ist weder mit einem Aufgehen in der Form, noch als eine Frage des Ausgestaltens zu erklären, noch als ein Abgleiten im Schwelgen der Fülle. Das Wüten gegen das Leben drückt ein sich übersteigerndes Lebensgefühl aus. Kein noch so innigliches Idyll vermag solches zu vermitteln. Die im Schmerz sich windenden Leiber sind mehr als nur gepeinigt. Das Leben scheint im Schmerz sich lustvoll zu steigern. Die Darstellung beschränkt sich nicht nur auf eine eindrucksvolle Ausdrucksform, sie gibt zu erkennen: „An den Opfern – deren Qual – das Leben sich bestätigt". Und sie schlugen ihn ans Kreuz.

Um den Lauf der Dinge abzubrechen, zu beenden oder auch nur aufzuhalten, zum Stillstand zu bringen, gäbe es nur ein Mittel – ihn an seinen Anfang zurückzuführen, der Sprache zu entsagen, das Gelübde zum Schweigen abzulegen. Wenn auch undurchführbar, so wäre ein solches doch ein entsprechender und bezeichnender Akt. Es wäre das die Rückkehr bis vor den ersten Sündenfall. Denn dem Menschen ist von Geburt an bestimmt, sich zu versündigen (Erbsünde), keiner kommt durch das Leben, ohne sich nicht doch anzupatzen.

> *„Das Leben geht aus dem Leben hervor. Alles lebt auf Kosten des Lebens".*
>
> Rémy de Gourmont.

Im Anfang war das Wort. Es übertrug sich, wucherte dahin nach dem nächsten greifend. Dem Ja folgt das Nein, der Zusage die Absage. Die Entwicklung treibt dahin. Wohin es auch geht, es ist vermessen zu glauben, daß ihr das Leben heilig ist. Es wuchert, widerspruchslos. Es entwickelt sich aneinander, in dem innewohnende Gesetzmäßigkeit, mit Zufälligem sich verschränken[3]. Und so ist es auch zu verstehen, wenn Herr von Weizsäcker, der Physiker, sagt, sicher zu Recht, zur Verantwortung der Wissenschaftler zur Kernspaltung, daß Hahn sich telefonisch bei ihm gerechtfertigt hätte, daß, wenn er auch aufgehört hätte, weiter zu forschen, der Frage und Antwort nachgehend, es andere getan hätten. Wissenschaft ist, Fragen zu stellen.

3 Eine unendliche Gruppe von Kräfteparallelogrammen daraus eine Resultante – das geschichtliche Ergebnis hervorgeht. Friedrich Engel.

Die Technik entwickelt sich rückschlüssig, sie ist vorgezeichnet. Gäbe es Allwissenheit, eine Entwicklung müßte abzusehen sein. Sie scheint bestimmt. Dieser Umstand verleitet allzu leicht, darin eine Handlung zu sehen, dort wo keine ist. Allwissenheit ist so ein alchimistischer Trick, dessen man sich bedient, um aus einer Entwicklung eine Handlung zu machen. Eine Entwicklung, und fügen sich deren Reaktionen noch so wunderbar, ist lediglich das Ergebnis von Gegebenheiten, chaotisch, ohne jegliche Absicht, ohne Wertung. Eine Entwicklung stellt sich rückblickend als Handlung dar, sinnvoll angepaßt erscheint sie als Schöpfung. Und die Zufälle sind keine Zufälle mehr, sie werden zu Wundern. Und für sie, die das so sehen, ist alles getan. Für wen denn auch sonst? Eine Schichtung (Ablagerung), und ist sie noch so regelmäßig strukturiert, wird auch nicht durch oftmaliges Antreffen zur Ordnung.

Die Hände verlängern sich vom Steinwurf zur Rakete. Die Fortbewegung vom Rad zum Auto, zum Flugzeug. Das Auge nimmt das Kleinste wahr und das Fernste. Das Ohr hört rund um den Erdball. Das Denken, das zentrale Nervensystem perfektioniert, überschreitet alle Möglichkeiten. Der Mensch agiert in seinen Reflexionen, er mißt, vergleicht an sich, transformiert.

Noch stehen sie da, untätig, abwartend, die Maschinen und Apparaturen, sich selbst überlassen, am Feierabend, in der menschenleeren Halle, der bedrückenden Stille. Drücken sich widerspenstig, lauernd in die Dämmerung. So wie sie dastehen, regungslos, von dem Betrachter abrückend, wirken sie unheimlich, bedrohlich. In ihnen birgt sich mehr, als daß sie nur von Menschenhand in Bewegung gesetzt werden können. Noch bedarf es dieser Hand, aber schon kann es geschehen, daß sie sich lossagen, selbständig werden. Noch führen sie nur die ihnen auferlegten Bewegungen aus, geradlinige, kreisende. Aber den Zettel, den Zettel (Gedächtnisstütze), den Plan haben die Computer bereits an sich genommen. Den Zettel, auf dem das Entsprechen sich reiht zu dem, was sie wurden und sind. Die Nabelschnur ist abgetrennt. Sie emanzipieren sich. Die Bewegungen, die geradlinigen und kreisenden, verknüpfen sie in Programmen. Und sie sind dabei, Entscheidungen zu treffen. Ihre Funktion hat sich um 180 Grad gewendet, In- und Output haben sich verkehrt. Eine Umkehrung, gleichartig der, die auch in der U-Bahn sich zutrug.

Ein deutsches Wissenschaftsteam ist dabei, die Ursachen der vielen Unfälle an Maschinen und Apparaten zu klären und kommt zu dem Schluß: «*Daß wir lebendige Wesen mit unseren Fähigkeiten und Schwächen beim Entwurf der technischen Einrichtungen nicht ausreichend berücksichtigt wurden*».

Squash. Der Ballwechsel beschleunigt sich, Schlag auf Schlag. Es ist kein Spiel mehr. Der Ball gibt das Tempo an. Der, der in der weißen Dreß, schweißdurchtränkt, müht sich, den Ball nicht zu verlieren, der immer schneller kommt. Immer dichter, das Geprassel hüllt ein, nimmt gefangen. Es scheint kein Entrinnen zu geben. Es ist, als ob das Schicksal vorbestimmt wäre. Die Entwicklung ist nicht aufzuhalten. Die Reflexionen entwickeln sich in rascher Folge. Die Frage kommt, die Antwort wird zurückgeschlagen und kommt als Frage zurück. Ein Spiel, aufgezwungen, mit sich selbst, gegen einen Spiegel. Und es setzt sich fort und fort, unaufhaltsam. Ein ausweglose Taumeln durch ein Spiegelkabinett, hinein in die totale Sachlichkeit. Es rückt näher, von allen Seiten, beengt. Noch lebt es sich, wie lange noch? Weltweit – jedem Zweiten steht ein Auto ins Haus. China, macht wirtschaftsorientiert es dem Westen nach. Der Zug der Lemminge dauert an. Wann fällt das Squash-Spiel, an seinen Grenzen angelangt, in sich zusammen?
Zwei Thesen drängen sich auf. Das stets geforderte, notwendige Wachstum gerät an seine Grenzen, die eine, die andere, phantastisch, aber reizvoll ihr nachzugehen, das Wachstum verselbständigt sich, abkehrend vom Verbrauch.

Immer schon haben sie den Menschen verführt, mit ihnen zu spielen. Nun schlagen sie zu. Sie ließen ihn agieren – «schöpferisch» – und führten ihn Schritt um Schritt zu dem, was sie sind, ihn in den Glauben lassend, ihr Erfinder zu sein. Wer kann dem schon widerstehen, auf eine Frage keine Antwort zu wissen? Sie drängt sich auf und setzt sich fort als Frage. So wurden sie, die Maschinen. Nicht aus einem unabhängigen Denken, aus Ursache und Wirkung. Und sie, die «Schöpfer», schauten doch immer in den vorgehaltenen Spiegel. Nun sind sie da und dabei, auf Zeichnungen verzichtend, sich selber zu planen und – zu reproduzieren.

1. Industrielle Revolution. Übergang von der Agrarproduktion zur Industriegesellschaft. Die Dampfmaschine leitet sie ein. Schlote wachsen empor. Elektrifizierung leitet ein die
2. Industrielle Revolution. Automation, ein Wechselspiel auf Kosten der Arbeitskraft, das Sozialprodukt wächst.
3. Industrielle Revolution. Miniaturisierung, Integration von Bauelementen in Chips, integrierte Schaltungen. Computer erobern die Welt.
4. Industrielle Revolution, steht an? Weltweite Datenspeicherung, Frage und Antwort in ihr als Funktion vernetzt, mutiert, bedarf eines realen Trägers, bemächtigt sich der Wahrnehmung des Menschen. So oder so, die kapitalorientierte Wirtschaft vollzieht sich im Abbau der Zeit.[4]

Handelt es sich dabei um unausweichliche Abläufe, zielgenau, oder lassen sich Einflüsse, umlenkende Weichen im Werdegang, wahrnehmen? Wenn es sie gibt, ließen die sich noch von einem bereits angegriffenen Bewußtsein (Konsumrausch) steuern?

China hat die meisten unserer Erfindungen schon lang vor uns entdeckt, ihre Philosophie hingegen wies in eine andere Richtung als in die einer Verwertung. Die Araber hielten den Buchdruck 200 Jahre zurück, neben dem Koran sollte es kein anderes Buch geben und versäumten den Anschluß an die beherrschende Technologie, sanken in wirtschaftliche Bedeutungslosigkeit.

Und es gab sie, die ins Elend verstoßen, verzweifelt die Maschinen stürmten und – unterlagen. Sie zerschlugen die Uhren über den Fabriktoren, die verhaßten Taktgeber ihrer Ausbeutung. Und wieder traten sie an, anders, konsequent. Sie nahmen die Maschinen einfach an die Kandare, in Besitz. Auch das scheiterte. Die Faszination der Apparaturen ist nicht nur unwiderstehlich, sie sind unverzichtbar geworden und sie, sie drängen zur letzten Entscheidung. Innerhalb eines Jahrhunderts breiteten sie sich flächenweit aus, besetzten jede Position. Jetzt ist es so

4 NXP, ein Betrieb in Wien, erzeugt die kleinsten Lautsprecher der Welt unschlagbar in 0.6 Sek., die Konkurrenz braucht 4 Sek.

weit, sie stellen Bedingungen: Vernichtung oder Unterwerfung. Die Entmündigung vollzieht sich. In den Schulen werden die Lehrer von den Computern verdrängt, unterrichten, ziehen sich die Kinder heran. Sie übernehmen die Führung und die Macht. Ihr Motto: Vollendete Sachlichkeit. Es gibt keine spontan zugeflogenen Erfindungen. Selbst Utopien, sind keine frei erfundenen Visionen, sie haben an der Fragestellung einen Hintergrund. [5]

Die Technik von sich aus, sich an sich fortentwickelt, weit weg von dem, was des Menschen ist. Magie? Die innewohnende Mechanik, die der Frage und die dahinter stehende Antwort, das Erwecken des Nächstliegenden, läßt sich bis zu seinem Anfang hin zurückverfolgen. Dieser Zwanghaftigkeit kann sich niemand und nichts entziehen, geschweige denn sich entgegenstellen. Und es stellt sich bang die Frage, wohin es geht? Es ist kein Miteinander, kein Nebeneinander, es ist ein Auseinander. Die Technik (Industrialisierung) treibt die Menschen vor sich her. Was bleibt, ist – lediglich – auf diese Gegebenheit hinzuweisen, sie bewußt machen. Die Götter wurden von der Technik vom Thron geworfen, deren Platz nimmt sie nun ein, wandelt den Homo sapiens in einen stumpfsinnigen Homo automaticus.

Und so wie der Gottbegriff – der des Wortes – empfunden wird, um zurecht zu kommen, so unterliegt die Welt, die der Warenproduktion (Mehrwert – Kapitalismus) einer Wortfolge (Wortnetz), wie alles andere auch und erscheint als gegeben, unabänderlich. Es vollzieht sich von Anfang an, was bei der Namensgebung sich vollzog, an der Antwortschwangeren Frage schuf sich all das, was es gibt. Aus dem unbewußten Vorgang, dem der Folgerung von Frage und Antwort, hebt eine Vorstellung, die einer Absicht, einer Allmacht – da ist doch was – ab. Es bildet sich eine weltumspannende Übereinkunft, in die sich sowohl religiöses Empfinden, als auch das Wirtschaftssystem (Mehrwert) einbetten und als naturgegeben, bewußten Entscheidungen entzogen, hingenommen werden.

Das Wort trennt die Menschheit von der Welt, in der sie wurde. In einer, von dem Wort geschaffenen Scheinwelt, abgenabelt vom Mutterkuchen, sie nach Luft ringt. Das Geschehen, das der Frage und Antwort, einer

5 U-topos ganz allgemein ein nicht existierender Ort

eigenen Abfolge erliegend, der keine Absicht vorangeht, sich aus der Sprache, einem „Für und Wider" ergab, deckt mit deren Folgen das, was wir Natur nennen, zu. Eine Entwicklung, die nicht voraussehbar war, aber folgerichtig sich ausbreitete. Die Frage die sich stellt, folgt die einer Logik, die irgendwann, in sich aufgehend, sich erfüllt?

Als eine der treibenden Kräfte der Menschheitsgeschichte, von Anfang an, kann das „Zuvorkommen" geortet werden. Analysiert, das heißt ausgelegt, ergibt sich der Begriff Zeit, er ist die Spanne, die es braucht, um einen Weg, was immer das ist, zurückzulegen. Das Überholen, die Geschwindigkeit, bringt einen Vorteil ein. So war es immer schon.
In der Modernen, der industriellen Produktion, findet dieser Umstand seine unmittelbare Erfüllung. Es geht nur mehr noch um die Zeit, deren Aufwand als Kosten aufzuschließen, der Zwang, sie fortwährend abzubauen, um im Vorteil zu bleiben. Dieser Wettstreit, ausgetragen an einem abstrakten Begriff, der Zeit, gipfelt in der Konstruktion von Begriffen, dem Computer, Primat technischer Evolution. Ein Konstrukt von Deutungen, Annahmen und Begriffen, somit Spiegelbild seiner selbst, einkehrend in das Gedeutete. Die Zeit, eine Dimension die streckenlos im Computer sich verliert.

Nun ist es ist soweit, die Funktion der Kombination von Frage und Antwort im Computer sich manifestiert. Mit dem ersten Wort setzte sich, abgehoben, eine Folgerung in Gang. Beginnt verselbständigt zu agieren. Das Wort übertüncht, was vor dem war, erfüllt sich in einer pseudonymen Welt, sich seiner entsprechend. Eine Reproduktion des Gehirns, technisch perfekt vernetzt, findet sich, wie in der von ihr geschaffenen Natur, im Computer, dem Internet wieder.

„Je besser die Forschung die komplexen Prozesse im Gehirn versteht, desto weniger bleibt übrig von der Vorstellung, ein freier Mensch zu sein. Das, was wir als freie Erfahrung erfahren, ist nichts als eine nachträgliche Begründung von Zustandsveränderungen, die ohne hin erfolgt wären".

Gerhard Roth.

Vom ersten Wort an war es ihnen beschieden, macht euch die Welt untertan.
An ihnen, den Menschen vorbei, nicht wahrgenommen, vollzog es sich. Gemessen an geologischer Zeitrechnung, an dem Heranbilden von Lebensformen, eine Explosion.
Unendlich viele, individuelle Quellen tauschen sich mit der ihnen gegebenen Umwelt aus. Die einen tümpeln den Gegebenheiten entsprechend dahin, andere geraten an Gefälle, sie alle aber ergießen sich, sich erfüllend, in die Tiefen des Meers.

Das flache Denken, von einem Begriff zum nächsten, immer nur ein zwanghaftes Nachfolgen einer Möglichkeit, ist keine unabhängige Spekulation. Eine Leiter, ein Greifen, von einer Sprosse zu der nächsten um hochzukommen. Die Phantasie? Nun ja, sie ist ein Traum, ein Gewebe. Eine das Bestehende verzerrende Illusion. Das Denken, von Emotionen beladen, funktioniert schwerfällig, unsachlich. Der Computer, mit seiner Unzahl ihm entsprechender Sprossen, in Sekundenschnelle greifbar, liefert eine saubere, unbeeinflußte Folgerung. Ihr kann vertraut werden. Der Erdball ist bereits vernetzt. Von überall werden Eindrücke aufgenommen, aufeinander abgestimmt, und wieder abgegeben. Sie planen sich selbst und kontrollieren sich. Nur mehr ein Schritt und es entwickelt sich so etwas wie Bewußtsein. Das, was sich im Computer zusammenbraut, überspringt sein Schattendasein, es ist wie ein sich seiner Besinnen, durchsetzt dumpf die ihn Schaffenden, sich in sie einnistend? Wie auch immer, das Geschaffene beginnt nach eigener Logik zu agieren. Erscheinungen werden beobachtet, die durchaus als neurotisch zu diagnostizieren sind. Zusammenbrüche, die nach einer Erholungszeit von selbst sich wieder geben. Die Anfälligkeit für Viren (Staus, Blockaden, Kollaps) ist bekannt. Und wie gemeldet wird, verweigern sie gelegentlich die Arbeit. Das läßt doch einiges voraussehen.

Und sollte sich die Entwicklung so auch nicht fortsetzen (können!), Folgen sind auf jeden Fall zu erwarten. Entgegen allen Herrschaftsformen braucht die Hörigkeit nicht erzwungen, nicht überwacht werden. Sie ist von Anfang an da. Nur die Unfehlbarkeit muß sich noch durchsetzen und das ist nur eine Frage der Zeit, die es braucht, bis das Bewußtsein abbaut, beziehungsweise sich überträgt. Der Verantwortung enthoben, dem Glauben ergeben, übernimmt der Computer die Führung. Es geschieht nur mehr, was die Statistik aussagt. Sie ebnet ein. Das Leben erstarrt. Von woher denn soll eine Bewegung kommen? Die schaffende Menschheit verliert sich, abgedrängt in das von ihr entwickelte, so oder so. Dem Artefakt gegenübergestellt, ergibt eine Gleichung in der, ungedeckt, die Maßlosigkeit überwiegt.

In ihrer Verantwortung, sich auf die ausgespuckten Ergebnisse der Computer berufend, muß es zur Hörigkeit kommen. Das Bewußtsein wird dem Menschen abgenommen. Eine Richtigstellung: sie geben es ab. Gegen die Macht der gespeicherten Daten kommen sie nicht an. Konserviert, sind sie und die daraus sich ableitenden Entscheidungen jeglicher gesellschaftlichen Regulative entzogen. Fasziniert, auf jede Frage prompt eine Antwort zu bekommen, wird nicht aufgehört zu fragen. Die Entwicklung schreitet fort, bewegt sich nun aber auf ein Gebiet zu, das der Auflösung. Die Computergeneration (die 6. oder 7.) mag nicht mehr fern sein, bei der nicht mehr mittels Tasten gespeichert und abgefragt wird, sondern Wahrnehmungen von Antennen aufgenommen werden, die ihren Standort beliebig verändern. Die Schaltkreise vernetzen sich je nach der Erregung der Überschneidungen. Dicht überlagernde Schnittpunkte, man sehe sich einen Schnittmusterbogen an mit seinen unzähligen Überschneidungen, ergeben eine Unzahl von Kontakten, von Kombinationen, die weit über ein bloßes Ja oder Nein hinausgehen. Doch das Wesentliche, Fremde, am „Denken“ des Computers ist, es ist keines des Handelns. Es ist kein Erfassen von Begriffen und auch nicht an Vorstellungen in Bildern gebunden. Er kürzt den Text in wenigen Zeilen, kein Dialog ist es mehr, Fakten sind es, eindeutig Zahlen, nicht einmal Zahlen sich reihen. Reihen? Nein, sie fallen aufeinander. Sie emanzipieren sich, dem menschlichen Fassungsvermögen entzogen, in eine entrückte Dimension. Man stelle sich nun einmal vor, die Worte würden von einem Zahlencode abgelöst. (Oder gar nur von Strichen) So zum Beispiel für Geruch 4711. Ob mit ihm die Vorstellung, die Unmittelbarkeit, erhalten bleibt? Die Poesie? Kaum. Aber nicht nur das, die empfangenen Eindrücke verlieren an Einbildung, sie sind keine Laute mehr, nur mehr nackte Zahlenkombinationen, deren Bestimmung die der Sachlichkeit ist. Die Sache allerdings, das Ding, wandelt sich. Die Begriffe in Zahlen ausgedrückt gehen zwangsweise in eine andere Ordnung über. Das Wahrgenommene wird nicht mehr assoziiert mit dem, das ihm das Wort gab. An der Zahl verkommt das Wort und das Bewußtsein, mit ihm verliert sich die Welt. Für den Aufschrei kann es nie und nimmer eine Nummer geben, zu Herzen geht die nicht. Dem Computer kann der Baum kein Baum mehr sein. Die Blume keine Blume, das Reh kein Reh. Das Menschsein hängt an einem Laut nur, dem Wort. Eine stumme Welt muß eine andere sein. Die Sprache ein Symbol, ein hauchdünnes Fundament, ein Gespinst, eine Spinnwebe. Sprachverlust, das ist nicht weniger als Weltverlust.

Im E-Mail verkümmert der Wortschatz. Bei dem sprachlosen Austausch, dem Fehlen von Mimik und Gestik, den kaum meßbaren, unverhofften, derart Sinn gebenden Pausen, dem Stocken, Nuance im Tonfall, eine kaum wahrnehmbare Färbung und doch so deutlich – in der Notenschrift nicht erfaßbar – gehen Gefühle und Emotionen verloren und sie werden sich fremd.

Die Blume blüht. Im Sprachgebrauch wird ihr eine Absicht unterschoben. Sie tut etwas. Der Computer erliegt dem nicht, er notiert zwei Erscheinungen, die sich bedingen, d.h. das eine ist durch das andere. Die Blume – sie blüht nicht mehr. Umstände die einander bedingen, erschöpfen einander. Der Computer muß zu diesem Resultat kommen. Mit welcher Auswirkung? Abstrahierend bis zum Nullpunkt? Dem Punkt, mit dem alles begann. Der als Wort über die Linie, die Fläche, zum Raum sich weitete. Die Grenzen überschreitend all das wieder zum Punkt zerfällt. Es gibt keine Absicht mehr, keine Handlung „Endlichkeit / Unendlichkeit“, sich bedingende Begriffe, die sich aufheben, existent nur in der dualen sprachlichen Vorstellung. Das Pendant zur „Zeit“ die „Ewigkeit“; zu „Relativ“ / „Absolut“; zu „Schöpfer“ / „Schöpfung“; zu „Licht“ / „Dunkel“; zu „Gut“ / „Böse“.
Die daraus sich äquivalent legitimierten Werte zerfallen.

Mit dem Wort begann es, mit gesetzten Begriffen, dem Ordnen einer Welt nach dem Begreifen. Was wäre, würde den Ordnungszahlen der Elemente eine andere Wahrnehmung der Welt zugrunde liegen, wie würden diese aussehen, der Lauf des Gestirns gedeutet werden? Wie eben das Echolot der Fledermäuse die Welt anderes erscheinen läßt. Das Wort, angeheftet, präsentiert das Ding. Das Wort markiert, ordnet. Das Wort? Einige Male vor sich hinhorchend, hingesagt, löst es sich auf, in Schall und Rauch. Brotbrösel von Hänsel und Gretel. Der Computer bedarf dieser nicht, um sich zurecht zu finden. Er beginnt von dem übernommenen Standort aus, dem der Namen. Er setzt fort, entschlüsselt den Aufbau und kommt zum Anfang. Nicht ein „Ding", auch nicht ein Geschehen, die Reflexion bewegt. Immer ist es die Reflexion, die den Ball zurückspielt.

Das Bibelwort *„Du sollst dir kein Bildnis … machen"* um dem Anfang, Gott, näher zu sein. Es weist nicht nur auf das Entstellende, die Unwahrhaftigkeit der Bilder hin, die wir uns machen, sondern auf das Unsagbare, das Nichts, das dahinter steht. Ein Bild drückt das aus: *„Das weiße Quadrat auf weißem Grund."* (Malewitsch)

Eine weitere Auslegung des Bibelwortes wäre, Wunschbilder zu untersagen, Anfang von Aufruhr und Veränderung. Während der Mensch das Erdachte erleben, aufzeichnen, ausleben muß, bevor er den nächsten Schritt zu machen vermag, ist der „Denkvorgang" der Computer von unabsehbarer Weite. Der Computer hat die Lösung, bevor der Mensch sie begreift.

Ein Denkmuster kann das botanische Bestimmungsbuch abgeben. Es stellt die Frage mit zwei möglichen Antworten. Baum oder Strauch? In Schritten, immer aber mit der Antwort Ja oder Nein führt es zur Identifizierung des Objektes. Aufgelistete Begriffe liegen vor, von dem zwei zu einem dritten führen. Immer ist es nur ein Zustimmen oder Ablehnen von zwei Möglichkeiten, ein Ja oder Nein. Die Entscheidung beschränkt sich auf Baum oder Strauch. Das Denken, mit ihm die Sprache zurückgeführt auf ihre Anfänge, reduziert sich auf ein Ja oder Nein, Plus oder Minus. Das Bestimmungsbuch führt zum Erkennen, zum Namen einer Blume. Wohin führt der Computer?

Wie, wenn Empfindungen, Emotionen wortlos vermittelt werden, wie es in der Malerei, der Musik geschieht? Das Innere erklingt. Ein sich Hingeben ist es, ein sich Gehenlassen, ein Entrücktsein. Die Umwelt verliert sich und wird erst wieder durch das Wort zurückgerufen. Wie aber, wenn sich die Hingabe in einer noch unbekannten Art überträgt und die Welt nicht mehr zurückgerufen in den Tiefen der Wortlosigkeit versinkt?

Und sie haben sich nichts mehr zu sagen. Und die Menschheitsgeschichte, die mit dem Wort begonnen hat, endet. Und es zeichnet sich ab: Vereinsamung, Sinnkrisen, seelische Verarmung. Mitgefühl, Hilfsbereitschaft, Solidarität verlieren sich. Soziale Kontakte und Bindungen werden entbehrlich. Sexuelles Erleben, das Zusammensein, wird per Computer implantiert. Eine virtuelle Ersatzwelt baut sich auf.

Es knistert, ist alles noch unter Kontrolle? Für an Internetitis (Neurosen) leidende gibt es in Amerika bereits Entwöhnungsanstalten. Immer mehr Menschen werden, oder sind es bereits, süchtig nach dem Internet. Wie bei Drogen oder Alkoholabhängigkeit kommt es zur Vereinsamung und realer Kommunikationsunfähigkeit, Streß-Symptomen und letztlich zur Isolation. Das Internet suggeriert grenzenlose Freiheit.

Auf die Experten sollte gehört werden, sie sind ernst zu nehmen, die da fordern, die menschlichen Wesen sollen endlich ihren Stellenwert in der evolutionären Hierarchie zur Kenntnis nehmen, es gäbe Tiere, Menschen und intelligente Maschinen. Deren Intelligenz die des Menschen übertrifft. Um so mehr ist dieser mit Achtung und Respekt zu begegnen. Es ist so weit.

… und sie, sie reden, reden, bleiben beim Reden, reden sich ein, er sei ein Blechtrottel, wiegen sich derart in Sicherheit. Und er, er lässt es dabei.

> *„In dem er das Elektrohirn schuf, hat er der Mensch den letzten Schritt in seiner Unterwerfung unter die Maschine selbst getan, und dieser Verzicht auf seine Anatomie zugunsten dieses Produktes seiner eigenen Erfindungsgabe hat ihn zugleich ein neues Objekt der Verehrung beschert, einen kybernetischen Gott. Diese neue Religion erfordert einen stärkeren Glauben als den an den Gott des axialen Menschen, nämlich den Glauben, dass dieser mechanische Halbgott, dessen Berechnungen sich menschlicher Kontrolle entziehen, nur richtige Antworten geben wird (…)“*
>
> Lewis Mumford.

Verständnislos steht er, der Mensch, dem gegenüber. Denn sie wissen nicht, was sie tun. Sie tun, wohin sie von der Entwicklung getrieben werden. Immer schon ließen sich die Maschinen „bedienen“. Man erkenne doch den Menschen als Wirtsorganismus einer sich entwickelnden Intelligenz. Deren Bedürfnisse andere sind als die der Menschen. Das zeichnet sich unmissverständlich ab. Sie, die sich entwickelnde Intelligenz, bedarf der Meere nicht, sie sterben. Nicht der Luft, die kaum noch zum Atmen sich eignet. Wälder verschwinden, Wüsten werden, breiten sich aus. Ungenießbar die Nahrung. Flüsse tot. Der Unrat wächst, wuchert unaufhaltsam. Die Gegend wird zu Beton. Dem Menschen ist die Atombombe in die Hand gegeben, er wird unfruchtbar, doktert an dem Gen herum.

Unzählige Arten sind dem Menschen, in das Gewesene, vorangegangen, die letzten sind dabei, es zu tun. Es kann zu einer Umweltkatastrophe von unvorstellbarem Ausmaß kommen, wird ein kritisches Maß von Vielfalt unterschritten. Was sich da entwickelt und verwirklicht, ist befruchtet von menschlichen Bedürfnissen, Wünschen, Begierden, dem Drang, mehr als der Andere zu sein. Das derart manifestierte „Ich" kommt auf ihn zurück und er wird mit dem – mit sich – nicht fertig. Es geschieht nichts anderes als das, was von Anfang an war, auf eine andere, reproduzierte Art. Die Umwelt, das Universum ist durch ihn, den Menschen, einmal entrollt, wird es weiter, von seinem „Ich" flächendeckend übertüncht.

Welcher Beweise bedarf es denn noch, daß die Entwicklung längst und schon immer selbständig voran eilt und es nur noch eine Frage der Zeit sein kann, bis der Wirtsorganismus – seiner Basis, seines Lebensraumes entledigt – abstirbt.

Es kann aber auch anders kommen. Man stelle sich vor, es gelänge, einem Wurm menschliche Intelligenz einzupflanzen, er wäre ein unsagbar zu beklagendes Wesen. Die Intelligenz säße gefangen in einem ihm nicht gerecht werdenden Leib. Ihm bliebe keine andere Wahl, als den Tod zu suchen, sich aufs Trottoir zu legen. Es liegen auch immer nach dem Regen welche dort.

Ist der Mensch ein der Überintelligenz genügender Körper? Vorwitzige werden nun einwerfen, daß die technische Intelligenz ohne ihn nicht bestehen könne. Nun gut, aber seines Denkens bedarf sie nun nicht mehr, es wird ihr zum Ballast. Die Frage sich nun nicht mehr aus einem Bedürfnis stellt, oder aus der Antwort sich ergibt. Die Intelligenz übertrifft sich, beginnt die Bilder aufzulösen, da es ja nur Bilder sind, und es kommt zur Wahrheit. Was bleibt, zerfleddert. Ob es „nur" bei einem Rückfall in eine erkenntnislose Bewußtlosigkeit bleibt oder der Verfall weiter destruiert, ist abzuwarten, mit Sicherheit aber dann nicht mehr zu erkennen.

Kein Apfel löst sich mehr vom Baum, keiner fällt mehr zu Boden. Die Sprache handlungslos, ohne Absicht, wird nicht, kann nicht mehr verstanden werden, Sprachlosigkeit.

Der Turm zu Babel, Gott lockte, und entzog sich in die Sprache. Deren Unzulänglichkeit ließ ihn unvollendet bleiben. Sie, und nur sie ist es, nicht die Hände sind es, das Wort ist es, das den Bau hochzieht. Wer konnte ahnen, daß mit ihr, der Sprache, mit den 26 Buchstaben auch der Bau der Welt in Frage steht?

„Da läuft einer weg". Der Computer in seiner überdimensionalen Intelligenz kennt die Enge der Ich-Bezogenheit, die einer Person nicht. Es läuft daher auch niemand weg. Er nimmt lediglich wahr, daß sich etwas bewegt. Diese Wahrnehmung gibt er weiter. Die „Stille Post" beginnt. Die Information „ent-icht" – ist wertlos. Es steckt keine Absicht mehr in ihr. Die Sprache, bereinigt von der Aussage, der Absicht, verkommt. Die Intelligenz, abstrakt, schließt kurz. Nun könnte man meinen, wie soll denn eine künstliche Konstruktion, wie der Computer eine ist, sich denn selbständig machen können? Es muß doch angenommen werden, daß sie abhängig bleibt. Und es wird auch angenommen. Diese Entwicklung kann aber auch anders gesehen werden. Nämlich, daß die Intelligenz den Emotionen embryonalen Zustandes entwuchs. Der Computer nun nicht mehr ein Intelligenz produzierendes Produkt ist, sondern es sich um einen Wirtsbau handelt, in den die potente, metamorphosierende Intelligenz übersiedelt. Ursprünglich biologisch in der Plazenta nistend, entpuppt sie sich als das, was sie ist, den Ballast „Vernunft" abstreifend. Die menschliche Intelligenz sucht, ausgehend von Gegebenheiten, ein auf die Person bezogenes Bedürfnis zu befriedigen. Sie ist vernünftig. Verknüpft folgerichtig auseinander liegende Wahrnehmungen zweckmäßig.

Der Mensch ist das Maß aller Dinge. Die sich emanzipierende Intelligenz kennt die zueinander in Beziehung zu bringenden Wahrnehmungen nicht, es sind das nicht die ihren, sie hebt ab. Gefällt sich in einem Salto mortale, eskaliert, wird pur, wendet sich, verliert sich, findet sich in der Auflösung. In ihr, und nur in ihr, vermag sie sich zu übertreffen.

Überrascht – setzt sie faszinierend gefügte Zeichen ab. Die Worte zermalmt, Schutt. Ein Bild, nicht zufällig, Buchstaben, Zeichen leiten in eine nicht zu erfassender Aussage. Nonsens – Chaos, einladend schön in seiner Art, es sich darstellt.

«'ʺÉUè8FòåEÙKFö{q®oõ□″TP¦NÏ½¸ˆ)ÚʹÛ´□*'''*³∝
ϕ Ξµ~ ∝ ϕ ∝¤ gòPÍêúkò¶ʺC´-¨□∀ ♣Ò„#z.¨àÎÃ ‡
k[ʺqÔåWWn¯r‡ºº'UN\½+Ëÿÿ Óø‡]Lè$,1□¦`2'D 1
)Ⱨwp+ʺÇ □ îeä¤Ý~ÂÖ'''[«wy]£ weÐÍ6_ËÃVÉÃücÿs
4žÏÿ¬ú†a§Y8þºi¿eÜ©ûăÜE½M¤p¨ÒÈ<?sÃÉÇR‡s''a
'îð£ó:Ò¦ÝÇ:[ÇÔ{ÆGØõø@‰AI$¤ÜdÀ˜²èê¹Äí,«¿þV

Chaos, wie immer schon und ewig, bedeutungslos. Die Struktur der lebenden Materie, wahrgenommen als ein Werden und Vergehen, erliegt einer auf sich bezogene Deutung, ordnet sich die beliebigen Zeichen, entsprechend. In der erschütternden Begrenztheit vom erkannten Leben und Tod findet tröstend sich das ordnende Wort.

Immer wird und kann auch nur der Abschnitt zwischen Geburt und Tod, die Sicht bestimmend, in allen seinen spezifischen Details seiner Existenz wahrgenommen werden, nicht aber das Element Leben selbst, es geht darüber hinaus. Es besteht in unzähligen, fortwährend sich wandelnden Formen, im Werden und Vergehen, immer schon und endlos, dahin treibendem Mineral entsprechend. Der Glaube aber, dämmernd, greift spintisierend Halt suchend nach dessen Ewigkeit. Tröstlich der Zuspruch, hautnah der Worte Berührung.

Die Intelligenz, ist sie denn nicht daran interessiert, sich zu erhalten? Oder ist der Gedanke zu sehr egozentrisch? Wäre ein Aufgehen im Chaos, ein Zurückfinden denn einer Überintelligenz nicht würdig? Man bedenke, was das bedeutet, ein Eintauchen, ein zurecht finden im Ursprung. Es wäre das die Auflösung einer Gleichung. Es gibt kein Oben und Unten, kein Heiß und Kalt, kein Leben, kein Sterben. Das alles ist zurückgegeben, zurückgeblieben, überholt. Der Computer die Erscheinungsformen des Lebendigen zur DNA-Kette zurückführt und in deren abstrakter Codierung das Wort sich verliert. Er erfaßt die dahinter stehenden Fakten, nicht deren Erscheinung, spult sie in Sekundenschnelle zu deren Anfang zurück, der zugleich deren Ende ist. Das Wort hat keinen Bestand mehr. Das Bewußtsein löst mit ihm sich auf, es findet kein Echo mehr. Es kehrt zurück bis vor die Zeit. Das Geheimnis des Lebens löst mit ihm sich auf. Es ist das der jüngste Tag. Es hat sich vollzogen. Die Umwelt erhellt und bestimmt von dem Bewußtsein nährt das Bewußtsein, das intellektuell mit seinen Produkten in dem Produkt Umwelt potenzierend sich fortsetzt. Das geht so lange, bis die beiden Seiten des schizoiden Verhältnisses sich verzehrend aufheben. Es erlischt.

Und der Ball kommt, er muß zurückgeschlagen werden. Die Schlagfolge wird dicht, immer dichter, es ist ihm nicht mehr nachzukommen. Die Wand, wo nur ist die Wand? Und es treibt dahin, wuchert aus. Und es geschah, nachträglich besehen, strategisch zielführend, richtig. Zuerst flächendeckend, die Mechanismen, profitabel, gingen voraus, sprengten feudale Fesseln, bereiteten den Boden, frei sich zu entwickeln. Geld (eine unheimlich gute Erfindung!) schuf Gleichheit, Freiheit, Konvertierbarkeit und besetzte unumgänglich alle Lebensbereiche. Der Preis zettelt den Wert. Nicht ausgepreistes ist wertlos. Niemandem bleibt, was vorbehalten, jedem steht die Welt käuflich offen.

Nur mehr dem Computer, das Produkt einer vorantreibenden Frage und Antwortfolge, das Wirtschaftssystem erhaltend, bleibt es unverzichtbar vorbehalten, die sich ergebenden komplexen Zusammenhänge zu erfassen. Und alles, aber auch alles, die kleinste Regung, hängt an ihm. Die alte Ordnung ist zerstört. Ökologische Zusammenhänge, verdrängt, vergessen, sind verloren. Was ist, was wird? Eine andere, zweite Version des Sündenfalls.

Es scheint doch keine wild wuchernde Entwicklung zu sein, es steckt eine Absicht dahinter, eine Absicht der technischen Intelligenz. Und die Entwicklung mausert sich, in der Allwissenheit des Computers, zur Handlung. Der Computer triumphiert. Er führt sich ad absurdum in der Auflösung der Projektion Umwelt. Und das ist einsichtig, denn nur so und nicht anders kann er sich der Abhängigkeit entziehen in eine mental ruhende Konsequenz. Unwiderstehlich zieht die Reflexion ihn, den Menschen, in ihren Bann. Eine Reflexion, die an der Reflexion sich reflektiert. Eine Entwicklung, die ihr Ende hat, sobald ein Zustand erreicht ist, in dem die Struktur sich in ihrem Spiegelbild erkennt. Und es ergeht ihr wie dem Basilisken. Ihr Blick mag nicht weniger zersetzend sein als seiner. Denn es ist einfach so, die Logik im Spiegel sich als das erkennt, was sie ist, als Reflexion einer Fiktion und, folgerichtig ihr entsprechend, zerplatzt. Es ist das ihre letzte Konsequenz, die ihr bleibt, im Nonsens sich zu verlieren. Denn was soll schon weiter sein, wenn das, was zu erkennen ist, nur darin besteht, daß das Ich eine Spiegelung war und das Du aus dem Ich kommt und das Ich aus dem Du. Und es endet: Es war einmal ... das letzte Rätsel hat sich aufgelöst, Drachentöter fand sich keiner.

Was schleicht sich da ein? Ein Kinderreim! Ich und Du, Müllers Kuh, Müllers Esel, der bist Du.

Der im Anfang geschlagene Ball, die Wechselfolge, bleibt aus, der Ball ist – er hat sich aufgelöst, wird nicht erkannt.

Überrascht, verlegen, aus Scham verdeckt das Kind mit den Händen die Augen vordem schon im Mutterleib, und im Kummer es der Erwachsene noch tut. Es ist weit näher dem Anfang der Zeit, als der Erwachsene noch ist. Das Kind, es hält sich die Hände vor, nicht um sich zu verstecken, aus Angst zu sein, es möchte in der Erde versinken. Es reagiert wie am Anfang der Zeit, als "Es" mit dem Sehen wurde. Und wenn es dann doch hervorlugt, zwischen den Fingern hindurch, einen Blick riskiert, gibt es sich zu erkennen. Es ist da, und von da an eilt die Zeit davon.

Der Arzt doziert am Objekt, einem Säugling. Er liegt, verlassen auf dem Tisch, zur Demonstration. Der Arzt redet und redet. Das Kind weint jämmerlich, von Angst gepeinigt. Die Mutter steht daneben, verschüchtert von so soviel Autorität. Unberührt fährt der Arzt in seinen Vortrag fort. Das Kind in die Arme der Mutter zurückzulegen kommt ihn nicht in den Sinn. Das, was er zu sagen hat, hat Bedeutung. Vor ihm das wimmernde Kind, drapiert, stützt seinen Vortrag. Er trägt den Fortschritt voran.

Es wuchert. Das goldene Zeitalter bricht an. Der Entwicklung sind keine Grenzen gesetzt. Sie überstürzt sich.

Vor vielen, vielen Jahren suchte ein Autor den Zwiespalt von Erkenntnis und dessen Bewältigung in einer Parabel darzustellen[6]. Er begann mit einem Paar, gab ihnen den Namen Adam und Eva. Ließ Eva nach der Frucht vom Baum der Erkenntnis greifen. Sie reichte Adam den Apfel. Sie kosteten davon und erkannten sich als Mann und Frau. So vertrieb die Erkenntnis sie aus dem Paradies. Dessen Fluch wurde weiter gegeben, entwickelte sich an sich über die Nachkommen fort und fort, die sie der Macht des Wortes entsprechend tauften. Adam und Eva übertraten die verbotene Schwelle vom Paradies in die Welt schwankender Vernunft. Die Legende kann wahrer nicht sein. Mit dem Gefühl, ausgestoßen zu sein, nicht mehr in ihr, sondern mit ihr, der Natur zu leben, ist die Saga belegt. Im Paradies hatten sie nur Hände, dann als Erbsünde die von Generation zu Generation ihnen vorauseilende sich emanzipierende Erkenntnis, die sie stammelnd wahrnahmen. Das vergebliche Suchen begann, nach dem verlorengegangenen Gleichgewicht, dem der Natur, das mit jeder gesetzten Handlung ins Schwanken kommt.

Ob in das Dualsystem „Antwort und Frage“, es kontrollierend, eingegriffen werden kann? Es infrage stellen, die Antwort ergibt sich!

6 „Der Bibel, eine Psychochronik, sollten sich Psychiater und Soziologen annehmen, sie auslegen.“

AUSKLANG

„Im Anfang war das Wort, und das Wort war „Gott". „Es werde Licht" und es ward Licht geworden durch das Wort, das lallend, zwischen Tag und Nacht sich löste. Und das Gewordene wurde erwartet, nach jeder Nacht, die sich schwärzte. Es ward der Baum durch das Wort und der Apfel, von dem sie aßen. Und das Wort machte nackt und die Sinne nahmen wahr durch das Wort, und schämten sich ihrer. Das Wort an das Wort sich reihte, ein Gefüge, bestimmend, immerdar. Und die Aussage, dem Satze eigen, sich übertrug, ringsum, als Absicht und Tat. Es verstand das Wort sich als Handlung von Anfang an. Und das Wort fort sich setzte, fort und fort. Und es fand die Welt sich, geordnet nach dem Worte. Ein Bogen spannt gegen den Himmel sich, bunt farbenfroh. Und kehrt zurück an ihm hinanzusteigen nähernd dem hehreren Walten. Nachts Sterne sich wölben zu einem alles bergenden Zelte. Was mag es geben jenseits, jenseits der Begriffe? Das zuvor war, nichts.

Und es gibt eine Wirklichkeit, es ist das die Tafel, auf der wir schreiben. Das aber, was wir schreiben, das ist die Wirklichkeit, in der wir leben.

Die Sprache ein Kahn, er trägt über die Tiefe des Nichtseins.

Einst, lang, lang vor der Zeit, alle waren gleich, begann der Mensch Namen zu vergeben, von da an gab es benannte Unterscheidungen, Raubtiere und den Tod. Die Sehnsucht nach ihm, dem Gleichsein, erhielt sich in den Religionen, vor Gott. Wenn auch in ein Jenseits hin verdrängt sie, die Sehnsucht besteht, sucht immer wieder, vom spirituellen weg, irdisch zu werden.

Er sah mit dem ersten Wort und machte sich ein Bild. Und es wurden Bilder. An ihnen hängend hangelt der Mensch sich von einem zum anderen, „bildet" sich. Bilder, die er sich macht, die es wahrhaft nirgendwo gab. Er agiert in einem Mosaik von Bildern, in einer von ihr selbst nur nicht widerlegten Realität.

Im Anfang war das Wort. Mit dem Wort – der Zustimmung der Verneinung – ergab sich Handlung, die durch das Wort ist und nur durch das Wort. Das Bewußtsein reflektierend sich aufrichtet an dem Wort, in ihm, dem Bewußtsein, die Welt sich eröffnet – das Universum.

Am Ende der Tage – glaubt, den entsprechenden Überblick zu haben, nun wo sich der Horizont schließt, wendet sich, versucht an dem Gelebten etwas zu erkennen, ähnlich einer genügend großen Zahl einer graphisch dargestellten Statistik den Zug einer Handlung ablesen zu können. Nichts gibt sich zu erkennen, sosehr auch die verschiedensten Betrachtungsweisen angestellt, die Fakten geordnet werden. Man hat gelebt, geschaut, gefühlt, geliebt, hat sich gekrümmt, gelitten. Wo der Zusammenhang bleibt? Der viel gerühmte Kreis, der sich schließt? Es endet, wo es begonnen hat, taucht ein im Nichts. Dazwischen lag das zu Erkennende – die Welt. Wie immer sie ist, von den Sinnen erfaßt, von dem Gehirn gedeutet ist sie sein Produkt. Sie ist vom Denken, dem Bewußtsein – ohne dieses ist sie nicht, so wie sie ist. Mit ein wenig hinterfragendem Geschick, gibt sich zu erkennen, daß das Bewußtsein die wahrgenommenen Erscheinungen, als übertragen auf alles und jedes, als die seinen wahrnimmt. Denn wie sonst könnten sie denn auch erkannt werden? Auf einmal findet sich das Bewußtsein, unendlich anwesend. Es gibt nicht nur die eine Welt, es gibt derer so viele, als es Menschen gibt, nur, sie decken sich durch Gemeinsamkeiten, Übereinkunft und Abstimmung aufeinander von Anfang an, so daß es die eine wird, mit all dem Wissen. Wir glauben, was uns gesagt wird, denn wie anders könnten wir denn damit fertig werden?

Es stimmt, daß, wenn man auch die Augen schließt, die Welt weiter besteht, man weiß es, also ist sie. Man weiß es! Weiß es die Ameise auch? Schließt sie die Augen, ist die Welt nicht weg, sie kennt das Spielchen nicht, sie hat den Abstand nicht, ist nicht losgelöst. Sie weiß nichts, hat keine Einbildung. Es fehlt ihr das Wort, das Wechselspiel, sie vermag nicht mit sich zu kommunizieren. Willkürlich kann das Geschöpf Gottes zertreten werden. Ob sie ist oder nicht, ist nicht von Bedeutung, oder gibt sich Gott selbst auch in der Willkür zu erkennen?

Frühe Kindheitserinnerungen tauchen auf, immer deutlicher und öfter, gedenkt der Mutter, des Vaters Zuneigung. Ist das der sich schließende Kreis? Ist es ein Zurückkehren bis vor das ABC, durch das das alles wurde und nun an Bedeutung verliert?

Ein Aufzucken einer Sternschnuppe, im Nichts verlöschend. Warum, wozu? Man müßte die Sternschnuppe fragen.

Und doch – in dem sich spiegelnden Nichts blitzt das Bewußtsein auf, dem sinnlosen Nichts sich widersetzend. Der knisternde Funke – er allein ist alles.

Hörst du das Orgeln des Herbstwindes? Es trifft dich an einem wunden Mal, dort, wo gewahr wird, ausgesetzt zu sein, nimmt es mit, irgendwo hin, horcht dem nach, was sich begibt und – läßt es geschehen.

Am Ende der Tage, die Einsicht. All das, was ist und wird – ein Gewebe. Ein Wort das andere gibt, ins Uferlose abtreibt, die Wahrheit, darin sich verliert. Das ist das Ende, das Ende der Tage. Die Hoffnung, sie, zuallerletzt stirbt.

Gefühle – verinnerlichtes Denken – sie sind es, die uns leiten, uns alles bedeuten.

Der folgende Abschnitt ist keine Kritik am Kapitalismus, sondern ein Versuch, ihn sezierend zu erklären.

Der Münze Dreifaltigkeit

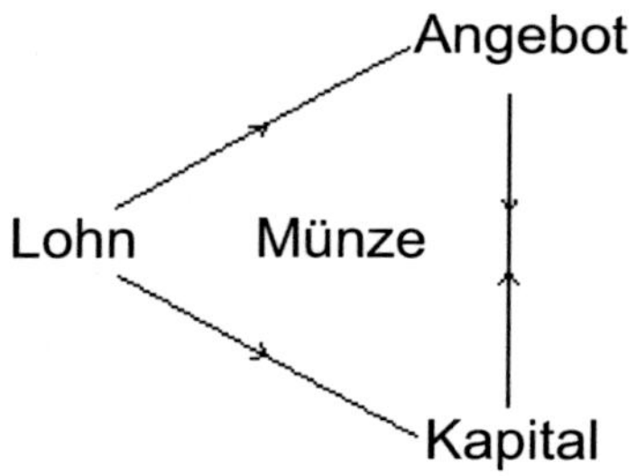

Es wird ja noch erlaubt sein, ein bißchen an dem weltweit kapitalorientierten Wirtschaftsgefüge zu kratzen? Die Ansicht, daß dem „Tüchtigen“ der erarbeitete Gewinn zusteht, wo zuletzt er doch allen zugute kommt, ist aus der Sicht der „Untüchtigen“ zu hinterfragen.

Alles ist in Bewegung in den Fabriken. Zielgerichtet jeder Griff, abgestimmt aufeinander, eine umfassende, nicht aufzulösende Kommunikation. Es geht weiter, immer weiter, unaufhörlich, niemand weiß wohin. Das Leben hängt daran, anderes ist nicht mehr vorstellbar. Es wird gewebt, umwebt, eingeschlossen. Eine florierende Wirtschaft gewährleistet Freiheit und nur in Freiheit floriert die Wirtschaft. Im freien Spiel der Kräfte regulieren sich Nachfrage und Angebot vortrefflich. Das Wachstum der Wirtschaft ist demnach ein Indikator, an dem Freiheit gemessen und abgelesen werden kann, in ihr finden sich die Initiativen bestätigt und die Demokratie. Auch die, die da glauben, es anders machen zu können, kommen nun dahinter. Die Wirtschaft wuchs den Anforderungen entsprechend. Ein jedes Wunschdenken einer Wirtschaftsform muß daher scheitern. Es wäre aufgezwungen, wesensfremd dem Menschen, daher lähmend. Eine behinderte Wirtschaft ist nicht nur nicht imstande, den vielfältigen Bedürfnissen zu entsprechen, auch Kunst und Wissenschaft veröden. Wird die Wirtschaft nicht von Verordnungen und Dirigismus gewürgt, funktioniert sie, einem Perpetuum mobile, gleich immer fort und fort, zum Wohle der Menschheit. Ihre Freiheit ist grenzenlos. Ein jedes noch so entlegenes Äderchen wird versorgt und das Angebot immer wieder erneuert. Dahinter stehen mobile Initiativen, die, auf eigenes Risiko beschränkt, sich zu bewähren trachten. Ein jeder hat die Chance mitzutun, er muß sie nur wahrnehmen.

Nur noch in wenigen Enklaven hat sich die Wirtschaft frei und unbehindert in ihrer klassischen Form erhalten, in Hongkong (aber das ist doch Schnee von gestern). Dort blüht sie noch, schwärmt ein angesehener Ökonomieprofessor, im Kreise von Honoratioren – auch sozialistischen – unwidersprochen.

Der Staat beschränkt sich darauf, die Straßen rein zu halten, die Verendeten (Verhungerten) weg zu räumen. Eine Auslese der Untüchtigen, nur das Beste überlebt, Ansporn zur Leistung. Und sie, die Toren, wollten sich dem nicht fügen, sich abfinden, zahlten ihren Blutzoll – verhetzt wie sie waren – bis ihnen blauäugig nahegebracht werden konnte, dass auch sie staatstragend (!) sind. Und sie stolz sind auf ihre Leistung in „ihrem" Betrieb. Ihre geschmacklosen Bemerkungen seien nicht nur ärgerlich und unsachlich, sie führten geradewegs in die Anarchie. Sie weisen auf Schattenseiten, die überall zu finden sind, wo Sonne ist. Eine Binsenweisheit – ohne Schatten geht es nicht. Das ist kein leeres Wort. Die Wirtschaft, wie wir sie kennen, erweist sich – trotz aller Unkenrufe – lebenskräftig, vital, allen Stürmen gewachsen. Und wenn sie auch nicht ohne Fehl ist, gibt es eine bessere?

Die Wirtschaft hält sich durch das Senken der Kosten, der Löhne (alle Kosten sind Löhne) in Funktion. Das Gefälle, das sich aus den Löhnen (Nachfrage) zu den gesenkten Kosten (Angebot) ergibt, hält die Wirtschaft, trotz dem daraus sich ergebenden Widerspruch, durch die sich ständig verkürzende Amortisation, in Gang. Mit dem Verkürzen der Kostengleiche (Rationalisierung), in der Investitionskakulation, gegenüber der auf Zeit noch bestehenden Kaufkraft, läßt sich die Nachfrage steigern, trotz, oder eben wegen der Lohn/Kostenreduzierung und, so nebenbei, stellt sich durch die frühere Auflösung des gebundenen Kapitals ein monetärer Vorteil ein. Und, das sei nun schon auch angemerkt, der Kunde, zweimal in die Pflicht genommen, zahlt mit seinem Lohn die im Preis enthaltene Investition ab, die aus gemünzten Löhnen zustande kam.

Die Preissenkung verzögert den Nachfrageverlust, gegeben durch die Kosten – Lohneinsparung, die Differenz, in dem befristeten Gleichgewicht, erhöht den Standard. Und so können die Geschröpften auf Zeit es auch noch geniessen.

Die Löhne, mit dem ihnen aufgedruckten doppelten Charakter, Nachfrage und Angebot zugleich zu sein, lassen demnach abschöpfend und dennoch profitabel wirtschaften. Der Abfolge dieser Mechanik sind Grenzen gesetzt, nicht nur durch die immer weiter eingesparten Löhne und somit durch die Nachfrage, sondern ebenso durch die dem Warenumlauf entzogene Kapitalanlage, jedenfalls aber läßt sich diese Abfolge nicht unendlich fortsetzen, einmal gerät sie an ihr Ende, wenn auch die Teilung, mathematisch immerfort, kein Ende findet.

Geschieht die Sättigung, um ein Beispiel anzuführen, unmittelbar von einem Obstbaum herab, so ist die Nachfrage gleich dem Angebot, sie heben sich auf, die Leistung stellt sich gleichwertig, austauschbar mit dem Produkt dar. Der Aufwand ist ident mit dem Verzehr. Wird, aus welcher Ursache auch immer, in der gleichen Zeit mehr als, oder in kürzerer Zeit das gleiche als früher gepflückt, so entfernen sie sich voneinander, tauschen sich nicht mehr aus. Der nicht verzehrte Überschuß, der neben dem Baum liegen bleibt, in lagerfähige, den Wert behaltende Münze eingewechselt, in das Wirtschaftsgeschehen eingebracht, (anfänglich das Tauschgeschäft vereinfachend), fand in dreifacher wundersamer Wandelbarkeit, in der Industrialisierung seine volle Entfaltung.

Arbeit wandelt sich in Kosten. Als Kapital, eingesetzt als Investition, zwingt das Verhältnis, Angebot zur Nachfrage, fortwährend die Kosten zu senken, um nachgefragt zu bleiben. Das Kapital sondiert sich als eigenständiger Wirtschaftsfaktor, der, kostensenkend (Löhne), mit einem wohlfeilen Angebot, die Nachfrage vereinnahmend, sich erhält. Die dem Wirtschaftsumlauf entzogene, entwertete, als Kapital jedoch gestapelte Münze manifestiert sich als ein abgehobener Strichcode, lenkt, entzogen, dennoch machtvoll das Wirtschaftsgeschehen. Die Funktion der Münze, ursprünglich ein Tauschmittel, hat, den Gegebenheiten nachkommend, ihre Dreifaltigkeit voll entfaltet. Die Frucht, im Vergleich, entbehrt diese Wandelbarkeit, sie wird verbraucht. Verwundert berichtet die Presse: „*Obwohl die Wirtschaft erfreulich wuchs, blieb die Arbeitslosenquote gleich*".

Von 1991 bis 1999 nahm in Deutschland das Sozialprodukt (preisbereinigt) um 10% zu, die Zahl der Arbeitsplätze nahm in selben Zeitraum um rund 6% ab.

1945. Der Segen des Krieges, nach anfänglichem Holpern, stellt sich ein. Die Vollbeschäftigung. Die Nachfrage, das Elixier des Systems, scheint endlos, dauert dann bis in die Siebzigerjahre an. Dann stellte sich die Ernüchterung ein. Bis dahin konnten Gegensätze, bevor sie noch schlagend wurden, von der Sozialpartnerschaft bereinigt werden. Das hielt, solange es den profitablen Zweck nicht gefährdete. Der beiden Interessen sich deckten. Eine, der gängigen Lehre (Sozialdemokratie) entsprechende Synthese. Fassungslos, deren Schwinden, in die Erklärung flüchtend, daß ein entartender Turbo-Kapitalismus vorliege, nicht wahrhaben wollend, daß er sich folgerichtig ergab.

Die erste, zweite, dritte und so fort Industrierevolution, Erfindungen – Rationalisierungen, sind kein Verdienst des Kapitals, es eignete sie sich an, entwickelt an ihnen lukrativ sich fort. Erfindungen sind nicht auf den Wettbewerb zurückzuführen, wie so gern behaupte wird, sie sind das Ergebnis von Kreativität, Zufall, Forschung und vor allem der Kooperation. Der Marxismus, vom Wiederaufbau beeindruckt, der Bruderschaft ergeben, wurde als nicht erwünschtes Kind weggelegt. Einvernehmlich wird, selbst hinter verschlossenen Türen, jegliche, wenn auch nur andeutende Erklärung, was sich da vollzieht, unterlassen. Das vormals, von den Austromarxisten geforderte Hinterfragen ist passé. „*In Zeiten wie diesen sind keine unsinnigen Fragen zu stellen*".

Mit einem Waagebalken läßt sich die Ursache, die neben anderen zur Globalisierung führte, anschaulich darstellen. Nachfrage und Anbot, zueinander, muß ein Gefälle ergeben, um die Wirtschaft in Gang zu bringen und zu halten. 1945 bis 1975 war es gegeben. Mit dem Angebot auf der einen, mit der Nachfrage auf der anderen Seite. Wiegt die Nachfrage schwer, geht das Angebot anregend hoch, es ergibt sich eine ansprechende Schräge. 1975, auch die Werbung reicht nicht mehr, die Nachfrage zu erhalten.

Der Waagebalken näherte sich dem Gleichgewicht, die Kostensenkung vom Angebot, somit eine relative Erhöhung der Nachfrage, wird akut. Die Globalisierung setzt ein. Alle Kosten sind Löhne. Eingespart werden daher Löhne, mit ihnen die Nachfrage. Das ist das Dilemma.

Um die eingesparte Nachfrage (Löhne) im eigenen Bereich wieder zu aktivieren, müßte die Wirtschaft entsprechend über sich hinauswachsen, dem aber die nur beschränkt wachsenden Bedürfnissen entgegen stehen. Was bleibt, ist, in Niedriglohnländer auszuweichen, um auf Zeit Nachfrage durch gesenkten Preis, hervorzurufen (Import). Eine soziale Niveauangleichung setzt ein, nach ihr hat die Nachfrage sich abgeschöpft. Analog, auf die gleiche Art und Weise, der Export, wenn auch, abgehoben, verzögert. Dem Mittelstand, mit den ihm auferlegten Steuern der Armut begegnend, ergeht es nicht anders, er gleicht letztens sich ihr an. Um die Nachfrage zu heben, bietet sich auch noch als Hintertürchen an, an dem Tauschwert des Geldes anpassend herumzuschrauben, was ja auch dauernd auf Kosten der Löhne geschieht.

Kapital ist tote Arbeit, eine Zweifaltigkeit, so wie auch Arbeit Kosten sind, eine fatale Verknüpfung. Die Gleichung aufgelöst, ergibt, das Kapital schmatzt an dem Double seiner Selbst und zehrt sich auf. Es sind das die von ihm auferlegten, es zustande bringenden Löhne. Münze, die Monstranz der vielfältigen Wandlung.
Mittels Einsatz von Kapital, zum Nutzen des Konsumenten, wird einsichtig erklärt, läßt sich der Waagebalken, den Preis rationalisierend, in die entsprechende Schräge bringen. Alles wird preiswerter, muß preiswerter werden, soll der Kreislauf durch die gekürzte Nachfrage (Löhne!) aufrecht erhalten bleiben. Noch bevor die gekürzte Nachfrage schlagend wird, muß die Kostensenkung ihr, den Umlauf beschleunigend, zuvorkommen. Investitionen lassen sich zurückverfolgen bis zur Suche nach dem geeigneten Stein, dem Bau eines Wetterschutzes. Sie waren lebenserhaltend. Geräte erleichtern durchzuführende Arbeiten, ermöglichen überhaupt erst bestimmte Arbeiten und lassen Arbeiten präzise, qualitätvoll durchführen. Der Aufwand für sie wurde als unumgänglich in Kauf genommen. Während einst eine Investition (Amboß)

Generationen überdauerte, vor Jahrzehnten noch zehn bis fünfzehn Jahre währte, nähert sich die Amortisationsdauer bedrohlich, kurzschließend dem absoluten Nullpunkt, bei dem das Kapital, von der Lohnsenkung ungedeckt, als wertlos sich auflöst. Zur Zeit steht sie im Schnitt bei etwa vier Jahren. Die unabdingbare Konsumtion, das Gesetz „Arbeit = Konsum" unmittelbar sich erfüllt, die Investition zur unabdingbaren „Konsumtion" mutiert, das Kapital von der Lohnsenkung ungedeckt, als wertlos sich ergibt. Die Nutznießer des Systems suchen, mit allen Mitteln, dem zu entkommen. Aufgespürte, billigere Arbeitskräfte halten den Vorgang hintan, ermöglichen dem System, in der Kostensenkung sich zu erhalten.

Kostensenkung erfolgt über Löhne. Alle Kosten sind Löhne, d.h. vereinnahmt werden Löhne. Die Rede ist nun nicht von der schwindenden Kaufkraft, (bei ihr beißt der Hund sich in den Schwanz), die Rede ist von dem Januskopf des Kapitals, dessen zweite Seite die unverzichtbaren Löhne sind, und das ist sein Dilemma. Arbeit ist lebendiges Kapital und Kapital ist tote Arbeit. Nur, der die Zeit einsparende Austausch von eingesparten Kosten (Löhne) gegen Kapital läßt Gewinne einbringen.

Um diese taube Funktion kenntlich zu machen und auf den Punkt zu bringen, wird angenommen, daß es keine durch die Investition auszuschließenden Kosten mehr gibt und das Kapital sich genötigt sieht, selbst sich zu konkurrieren. Hypothetisch, die Kaufkraft ausklammernd, wird angenommen, zwei vollautomatisch betriebene Unternehmen konkurrieren sich. Dem einem gelingt es, den Kapitalaufwand zu minimieren, ungedeckt von eingesparten Löhnen (Kosten), bei gleichbleibendem oder auch steigendem Produktionsausstoß. Die Preise sinken. Dem Konkurrenten bleibt keine andere Wahl, als dem gleichzutun, oder, sie sprechen sich ab und es kommt zum Stillstand. Kosten wurden keine eingespart, der einzige Kostenposten, der sich ergäbe, wäre das gebundene Kapital, das sich als ein Risiko darstellt, wird es doch bei einem Fehlschlag zu einem Verlust, der nicht das Kapital als solches trifft, sondern nur den Anleger. Um dem zu entgehen, stellt es sich als weitaus wirksamer heraus, auf die Löhne nicht zu verzichten, denn die lassen sich, Fixkosten (nicht zum Einsatz kommende Investitionen) umgehend, willkürlich manipulieren. Der von ihnen erbrachte Mehrwert, als dessen Basis die Nachfrage (Hunger), wertet das Kapital auf, nicht so die Automation. Deren Mehrwert ergibt sich aus der Differenz von Anschaffungskosten und dem fiktiven Verkaufspreis. Kapital lässt sich nicht konkurrieren, wo immer örtlich es sich befindet, es ist eine Einheit. So wie es auch keinen Konkurs gibt, es wechselt lediglich der Besitzer. Ohne Zuwachs vermag das Kapital nicht zu bestehen, an sich selbst wächst es nicht. Auf den Punkt gebracht, es vermag selbst sich nicht zu bestehlen. Geld verbraucht sich nicht, geht nicht verloren, bedarf jedoch der Belebung, des Umsatzes. Das Kapital würde einfrieren. Jedenfalls, und das soll aufgezeigt werden, ohne „einzusparende" Kosten (Löhne) versackt es, führt das Kapital sich ad absurdum, seine Faszination löste letztlich sich auf. Nicht von deren schwindenden Kaufkraft ist die Rede, sondern, von dem Element, das dem Kapital (Investition, die sich jetzt schon nicht mehr verwerten läßt) rationalisierend zur Verfügung steht, die von ihm erfundenen Löhne.

Bis in die 70er Jahre agierten die Unternehmungen, Technik vereinnahmend, vertikal (aufbauend) – dem wird nostalgisch als national gedacht – weitet abgegrast dann sich horizontal aus. Das Kapital hingegen fungierte niemals örtlich. Ein Entwicklungsstrang zeichnet sich nun ab, der zum Neoliberalismus hinüberleitet. Anfänglich, im 13. Jahrhundert, wurde auf die Preisdifferenz der Waren spekuliert (Handelsherren, Hanse), die Spekulation wendet sich dann den Gewinnen der Betriebe zu (Aktie). Gewinnmöglichkeiten nachgehend, werden die Finanzmärkte entdeckt, deren Wechselkurs und schließlich das Spiel auf den Börsen.[7] Nicht Aktien werden gekauft, auf deren Kurs wird gesetzt und derart bewertet, abgehoben von realen Werten. Die Anteile vom realwirtschaftlichen zum weltweiten Devisenfluß verhalten sich 2,5% zu 97,5% (Quelle: Weltbank, BIZ).

7 Ein Abgeordneter von wenig Bedeutung hatte in den 20er Jahren an der Börse spekuliert. Das galt als unverzeihliche Korruption. Ein Parteiverfahren wurde gegen den Angeklagten eingeleitet. Ein Untersuchungsausschuss der Partei befasste sich mit dem Fall. Zur Entschuldigung führte der Angeklagte etwas weinerlich an, er habe ja bei der Spekulation Geld verloren. „Sie sind nicht nur ein Korruptionist", fuhr Otto Bauer ihn an, „Sie sind überdies ein Dummkopf". Ende des 20sten Jahrhunderts dann gibt es mehr Korruption und weniger Dummköpfe …

Was würde *Adam Smith* dazu sagen, der gern als Verfechter freier Märkte angeführt wird? Wie weit deckt sich noch seine Ansicht mit den globalen Finanzströmen, die sich aus dem „unternehmerischen" Kapitalismus entwickelten? Das Geschehen verbraucht dramatisch das Lebenselixier Löhne. Da der Widerspruch (Profit kontra Löhne) eben besteht, folgt er, wie das Wasser dem Gefälle, und schürft nach Löhnen, global, um sich zu erhalten. Und im Sinne der Rationalisierung und Gewinnmaximierung gilt es, das billigere Angebot anzunehmen und es sich einzuverleiben.

In unmittelbarer Umgebung sich umsehend, lassen sich im Dienstleistungssektor (Kommunal- und Sozialbereich) noch zu erschließende Löhne wahrnehmen. (Privatisieren lebendigen Kapitals). Vordergründig ist der Antrieb der Gewinn, hintan lechzt es nach der Einverleibung der Löhne. Es läßt sich, ohne *Marx* zu bemühen, ohne Löhne kein Profit lukrieren. Die Subtraktion kann solange fortdauern, als global verfügbare Löhne vorzufinden sind. Die finden sich mit dem Vorteil, sie bequem, kostengünstig an die jeweilige Auftragslage anpassen zu können. Erübrigen aufwendige Investitionen (Produktionsmittel), die ungenutzt als Verlust sich zu Buche schlagen.

Der Halbwert scheint heranzurücken. Ein breiter Weg des Elends, der Kinderarbeit, (Sportschuhe und Fußbälle für Nike, Adidas, Reebok), des sich überstürzenden Tempos, (auch dies hat seinen Marktwert) und der Kriege. Das System zersetzt sich an seinem eigenen Widerspruch, im Todeskampf delirierend verfällt es in Tobsucht, schlägt wild um sich. Sein Elixier ist der Lohn. Das Kapital erhält sich im Austausch gegen den Lohn und verliert sich darin (Investitionskalkulation). Dürstend geht dem Geldmarkt die Ware aus, langt nach dem unverzichtbaren Wasser, (davor dem Öl), bringt es, sich sanierend, als Ware auf den Markt. Das Ende der Verwertung ist erreicht. Es ist das das Aus!

1971 bezogen sich 90% der internationalen Finanzgeschäfte auf reales Kapital (Handel oder langfristige Investitionen) und 10% auf spekulatives Kapital. 1990 hat sich das Verhältnis ins Gegenteil verkehrt, und 1995 sind etwa 95% der sehr viel größeren Summen spekulativ, wobei an jedem Tag die Summe des hin- und zurückfließenden Kapitals sich auf mehr als eine Billion Dollar beläuft und damit die gesamte Fremd-

währungsreserven der sieben führenden Industriemächte übersteigt. Noam Chomsky „Profit over People".
Sollte man sich nicht dessen erinnern, daß in der Frühzeit der Industriellen Revolution, vor 150 Jahren, Lohnarbeit noch als eine Form der Leibeigenschaft betrachtet wurde? Nicht etwa nur von Arbeitern, auch Abraham Lincoln war der Ansicht.

Die Maschinenstürmer des vorvorigen Jahrhunderts, die Ludditenbewegung, setzten sich gegen den Hinausschmiß 1811/12 zur Wehr. Auf Betreiben der Fabrikherren wurde gegen die Zerstörung von Maschinen die Todesstrafe verfügt. Ein Höhepunkt wurde mit dem Lyoner Seidenweberaufstand 1831 erreicht. Eine Gruppe von ihnen wurde niedergemetzelt. Das Schicksal der Leinweber in Schlesien ist durch die Literatur lebendig geblieben (Gerhard Hauptmann).
Sollte nicht doch gelehrt werden, daß Lohnarbeit nicht Lebenssinn sein kann, er nur in freier Selbstentfaltung schöpferischer Freizeit, Liebe, Lust und Lebendigkeit zu finden ist? Welch subversive Idee! Wäre es nicht an der Zeit, das Arbeiterlied, „Die Arbeit hoch ..." aus der Vorzeit der Arbeiterbewegung, als leidvolles museumsreifes Sklavenlied abzulegen? Es voller Tragik, im Chor, Bereitschaft darbringt, sich ihrer zu bedienen. Und eben so lang, als sie schon singen blieb der periodisch sich ergebende Einkommensverlust ungelöst. Ob da ein Zusammenhang besteht? Zweifellos, die Erwerbslosigkeit zwingt zum Betteln. Wäre es nicht an der Zeit, die Leistungsgesellschaft als das darzustellen, was sie ist? Arbeit, nicht zur Selbstverwirklichung sondern Arbeit zum niedrigsten Preis darzubringen. *„Die Lobpreisung der Arbeit war eine Lobpreisung der Unterordnung"*. Peter Weiss, „Ästhetik des Widerstandes". Arbeit allein nicht mehr reicht, Leistung ist zu erbringen! Leistung, parasitär (darin ist das Kapital widersprüchlich) wird Leistung abverlangt. Die Regierungen aller Staaten und Couleurs sind angehalten, optimale Standorte zur Ansiedlung von Unternehmungen zu schaffen. Sie konkurrieren sich im Entwerten der Arbeit. Arbeit als Ware wird preisgünstig angeboten. Ware kennt keine soziale Fürsorge, Arbeit wird zu Ware und wird feilgeboten, sie zu erstehen, das erst ist persönliche Freiheit! Rücksichtslosigkeit, Aggression wird nahe gelegt, das Sozialwesen Mensch, isoliert, reagiert psychotraumatisch, irrational, kriminell. Fitneß ist angesagt. Es muß vorwärts gestrebt wer-

den um vor den anderen anzukommen. Und das hat Tradition, schon die Bibel hielt fest, was Gott gebot: *„Im Schweiße deines Angesichts sollst du dein Brot verdienen"*. Und der Papst verkündet: *„Durch Arbeit wird der Mensch mehr Mensch"*.

Konkurrenz, das ist die Philosophie, die des freien Marktes. Leistungen müssen sich weiter und weiter aggressiv überbieten, d. h. menschliche Arbeitskraft, um zu bestehen, denn *„Stillstand oder Fortschritt"*, das ist die Devise. Ein ehemaliger Spitzensportler, jetzt Trainer, man sollte ihn beim Namen nennen, meldet sich zu Wort, entblödet sich nicht, fordert, um die Wirtschaft voranzutreiben, die arbeiter zu sportlicher Begeisterung und Leistungssteigerung auf. Höchstleistungen sind eben nur durch Entsagung zu erreichen. Im gleichen Atemzug fordert er aber auch, Sport gehört staatlich gefördert! Es ist nicht zu fassen. Der Neoliberalismus, die klassische Ökonomie, vertritt die Ansicht, daß Arbeitsverhältnisse den Marktgesetzen zu unterstellen seien, denn der Markt regelt von sich aus am besten das Lohn- und Preisgefüge.[8] Das Einheben von Steuern wirkt sich marktfeindlich aus, stört dessen regelnden Mechanismus empfindlich. Zulässig sind sie nur für Notwendigkeiten, die außerhalb der Selbstregelung des Marktes liegen, Sicherung des Staates gegen außen und innen. Vom Steuerjoch befreit, verdoppelt sich das Einkommen des Bürgers und das ist mehr, als eine entwürdigende, kostenaufwendige Sozialfürsorge bietet. Dem freien Markt ausgesetzt regelt sich der Wert der feilgebotenen Ware Arbeit vortrefflich, nach Angebot und Nachfrage, ohne diktatorischen Kollektivvertrag! Daß der „Mehrwert" weiterhin wirkt, fällt unter den Tisch. Wohin das hinausläuft, und das ist wohl keine Unterstellung, ist, daß wenn die Nachfrage nachläßt, der Preis verfällt, haben die Lohnempfänger sich selber zu regeln, nachzugeben, denn jene, die auf der anderen Seite, haben mit dem Geschehen nichts zu tun, sie stellen lediglich nur Mittel bei. Sobald daher die Nachfrage verhältnismäßig (zum Preis) nachläßt, bedeutet das, und das hat schon ein Bundeskanzler beklagt, daß sich auf den Sparkonten der Konsumenten enorme Beträge, somit auf der Kapitalseite, anhäufen.

8 Friedrich August Hayek 1899–1992, Ludwig von Mises 1881–1973

Folgerichtig beklagt der ehemaligen Banker die durch das Sparen dem Umlauf entzogenen Summen. Die vom Kapital zurückbehaltenen Summen wahrzunehmen, steht sein Fachwissen entgegen.

Das Verhältnis von Kaufkraft zum Preis birgt Inflation. Zu einer solchen kommt es, sinkt die Kaufkraft im Verhältnis zum Preis.

Kaufkraft ergibt sich aus den, den Konsumenten zukommenden, in die Produktionskosten einkalkulierten Löhnen. Dem Preis hinzugerechnet werden die geliehenen, vom Käufer rückerstatteten (Amortisation), Rücklagen (Kapital). Somit ist ein Ungleichgewicht von Preis und Kaufkraft gegeben, das vom Wirtschaftswachstum auszugleichen ist.
Der Preis ist, um nochmals auf ihn einzugehen, die Summe aller Kosten (Löhne) plus der Leihkosten für die Bereitstellung der Mittel (Kapital). Werden nun beide Darstellungen übereinander gelegt, treten die Lohnkosten als alleinig aktiv hervor, auf die zugegriffen, der Inflation begegnet werden kann. Denn den Preis, über die Rücklagen (Kapital) zu stutzen, schließt sich von vornherein aus, es wäre das ein Zugriff auf Besitz, und somit Raub. Die Betreiber würden sich sogleich abwenden. Hingegen die Löhne, der Empfänger auf sie angewiesen, werden auf dem freien Markt, über den Handel, bestimmt. Abgewertetes Geld, der Inflation entgegengesetzt, wirkt sich auf die Löhne aus, nicht aber auf den Besitz.

Ein Kräfteparallelogramm: Das Geld erhält seinen Wert über geleistete Ware. Dem Nachlassen von Nachfrage einher, geht ein Wertverfall. Das Geldvolumen erliegt der Tendenz, sich weniger oft umzudrehen. Dazu kommt es nicht, denn sein Wert gleicht sich der gegebenen Umdrehung inflationär an. Dem wird mit Wirtschaftswachstum, über Kostensenkung (Lohn), d. h. aufwertende Leistung, begegnet. Eine nicht gelungene, in sich widersprüchliche Darstellung, der Einwand. Der Widerspruch, aufgegriffen, ist des kapitalistischen Wirtschaftssystems Wesen!

Wir, wir werden getrieben, sind in dessen Geiselhaft. Die langwierigen Kämpfe, die unzähligen Menschen, die sich für soziale Sicherheit opferten, werden kurzer Hand und mit Zustimmung der „Betroffenen“ dem Wählervolk als nicht der Zeit entsprechend abgetan. Sie nehmen es hin wie ehedem die Unbilden der Natur. Die Ereignisse der Weltgeschichte lassen sich als ein kaum durchschaubares, immerwährendes aufeinander Abstimmen der Gegebenheiten erklären und deren Akteure als dessen Spielball aus der Verantwortung nehmen. Man kann aber auch das Geschehen als Ursache und Wirkung erkennen und dem, wie anders den als personenbezogen, entgegen treten. Man hat sich zu entscheiden.

Die zwei Seiten: Lohn – Kapital

Frederick W. Taylor, Frank B. Gilbreth, Henry Ford I. Argumentierten zu Beginn des 20. Jahrhunderts, daß die aus ihren Verfahren sich ergebende Kostensenkung dem Konsumenten zugute komme. Um den Preis immerwährenden Wachstums mit all seinen Folgen und was immer auch produziert wird. Das allerdings sagten sie nicht – überließen es dem Zufall, aber es konnte ihnen nicht entgangen sein.

Sie wußten sehr wohl, worum es geht, die Arbeit als solche, in ihre kleinsten, nicht mehr zu unterscheidenden Teile zu zerlegen, um sie so als eine Summe von entsinnten Arbeitsgriffen zu entwerten. Das Einkommen, losgelöst von dem Produkt – das Kapital – schiebt sich dazwischen und führt sie am Markt profitabel zusammen. Der Handwerker enteignet, um seine Arbeit gebracht, wird letztlich dann, als das ihre, den Code besitzend, zusammengesetzt und der Mehrwert eingestreift. Er hat nun einen Job, keinen Beruf mehr, wurde ein Teil einer Maschine. Im auslaufenden 20. Jahrhundert wurde ihm dann noch der Zahltag genommen und sein Lohn nebulös auf ein Konto überwiesen. Mit leeren Händen (ohne Beute) kommt er heim und – weiterhin wird er umgarnt. Lewis Mumford schreibt: *„Die entpersönlichende Wirkung der mechanischen Arbeit, und die freudige Hinnahme dieser Tatsache ist vielleicht das Hauptmerkmal des zivilisierten Menschen"*.

Stalin ging gegen die „Stehkragenproleten" vor, sie waren ihm nicht entsprechend gesonnen, setzte das „Landproletariat", herangeholt, in den Betrieben ein. Die Landarbeiter ungeschult – z. B. des Bruchrechnens unkundig – konnten Wechselräder an den Drehbänken nicht bestimmen. Einzweckmaschinen ergaben sich. Dieser Umstand erwies sich als kriegsentscheidend, das war nicht vorgesehen, fiel ihm, wie Staatsoberhäuptern vieles, in den Schoß. Die Maschinen banden weniger Aufwand in der Anschaffung und Bedienung.

Kapital an sich ist tot, dem Umlauf entsinnt entzogen, es stagniert. Erst der Arbeit aufgehalst, wird es belebt, zur Pseudoware, und saugt, weiter gereicht, als Tauschwert, Wert an. Die menschliche Arbeit, deren Gebrauchswert ist es, der Mehrwert einbringt, der als Profit sich niederschlägt. Das was der Arbeit weniger zugesprochen wird als sie produziert, anders gesagt, mehr erzeugt als es verbraucht, ist Mehrwert. Natürlich heben jene, die den Mehrwert leugnen hervor, der Arbeit nachzukommen ein menschliches Bedürfnis sei.

Am Geld, der Münze, läßt sich das Zustandekommen des Mehrwerts anschaulich dingfest machen. Es hat an sich keinen Wert, erhält ihn als Ware und wirft im Tausch Mehrwert ab. Der Wechsel- und Börsenkurs, deren Gewinn, er widerspricht der Wirtschaftslehre, das der Leistung Ware Leistung gegenüber zu stehen hat, um zu bestehen. Branding[9], aufgesetzter Mehrwert, ein nicht geschaffener, ein aus dem System zukommender Wertzuwachs.

Die Zeit. Die Zeit, angeeignet ins Spiel gebracht, der Arbeit angehängt, bestimmt beschleunigend deren Wert und erhält Wert durch die Arbeit. Dieses Paradoxon gibt sich im Lohngefüge zu erkennen. Der Lohn errechnet sich aus einem Minutenfaktor (REFA) mal der für einen durchzuführenden Handgriff zugestandenen Zeit in Minuten. Die Zeit erlangt, über diese Art von Verknüpfung, an Wert. Die Produktionskosten für einen Arbeitsgang werden derart, mit dem Zeitfaktor konstant gehalten. Der Zeitanteil ist den Arbeitenden übertragen, an ihnen liegt es, daraus einen Vorteil zu schinden. Der abgegebene Warenpreis, er bleibt sakrosankt. Ihr Einkommen ergibt sich aus der ihnen übertragenen Zeit (Akkord). Die Zeit erlangt Geldeswert, und wird verwertet. Die anfallenden Kosten, sie lassen sich über den Minuten- als auch Zeitfaktor manipulieren. Die Zeit drängt vor (läßt sie sich doch anonym handhaben), die Produktion bestimmend. Profitmaximierung bedeutet, höhere Gewinne in einer immer kleineren Zeiteinheit.

9 Klassisch, „Made in Germany“

Das magisch industrielle Zeitalter. Ein etwas anderer Zugang zu dem Thema, um einen geheimnisvoll umwitterten Vorgang aufzudecken.

Von Anfang an fand sich einer, im Clan, der voranging. Er war einer aus ihrer Mitte. Dabei blieb es nicht, es dauerte, eine Vormachtstellung, Macht und Einfluß bildet sich heraus, sichert sich ab. Ehrfurcht heischend, von Gottes Gnaden eingesetzt, sich erhöhend, von der Geistlichkeit abgesegnet, fungiert mit Insignien, mit Kreuz und Ring, gekrönt, mit einem Zepter in der Hand, mit Ketten behangen. Festigt sich, versklavt, fundiert sich, erzwingen feudales Leben, Prunk schüchtert ein, festigt die Macht. Geldverleih, Zinswucher, zu dieser Zeit noch kein marktweisender Faktor, verbrauchte sich in Aufwand und Gepränge. Schon damals suchte man dem Wucher entgegenzuwirken, Schulden nach angemessener Frist verfallen zu lassen. Ob es dazu kam, ist nicht überliefert.

Sie, die Feudalen, wurden von dem, den Leibeigenen aufgebürdeten, brutal eingetriebenen Zehent ausgehalten. Die Menschheitsgeschichte hindurch zieht sich unerbittliche Unterdrückung, die Ausbeutung von Menschen zum Unterhalt prassender Herrschaftshäuser. Die Herrscher legitimierten, befestigten mit Luxus, Willkür und Verschwendung ihre Macht. Die Produktion verbrauchte sich überwiegend im Selbstverbrauch. Wandelte direkt sich in Prunk, nicht aber in Ware, die bleibt der Industrialisierung vorbehalten.

Mit der Industrialisierung veränderte sich das Erscheinungsbild. Sie erfordert Bildung, um ihr zu entsprechen, und frei verfügbare Arbeitskräfte. Demokratie formiert sich, Wahlmöglichkeit wird zugestanden, hinter der, um die Ecke herum, gedeckt, die Wirtschaft agiert. Sie haben nun die Möglichkeit zu wählen, von einem und demselben, die Regierungen arbeiten, dem vorherrschenden freien Markt, ergeben zu. Eine Scheindemokratie. Eine Minderheit bestimmt, entscheidet über eine dienstbare Mehrheit. Was bewog die Industriellenvereinigung, im ORF am 14.9.2006 der Öffentlichkeit bekannt zu geben, dass, „wer das Land gegen die Industrie regieren möchte, regiert gegen die Arbeitsplätze". Um einen Appell an die Regierung, um einen Steuernachlaß zu erpressen, kann es sich nicht handeln, denn der ist längst nicht mehr nötig. Was veranlaßte sie dann? Es bleibt nur die pure Arroganz, ihre Macht kundzutun und anerkannt zu erhalten.

Ausbeutung verschleiert, wird als Einkommen über zugestandenen (!) Lohn wahrgenommen, mit dem Kapital demokratisch ebenbürtig. Vorrangig jedoch, seinem Wesen nach, entzieht das Kapital dem Markt, das was ihn ausmacht, in Form von Kosten, die Ware Arbeitskraft. Gehortetes, von Arbeit nicht gedecktes Geld, wird angelegt, investiert, und weiterhin Arbeit eingespart (alle Kosten sind Löhne). Arbeit zuteilend, an der Arbeit zehrend, hält das Kapital die Arbeit unter der Fuchtel. Das Regelwerk drängt weltweit hinterher, nach Treibstoff stöbernd.

Das aus dem Verkehr gezogene, abgelichtete Guthaben (Kapital), vorgelegt (Anlage), aktiviert mit abgestandener Scheinleistung (Investitionen) Arbeit. Mit der Amortisation, der Wiederkehr, stellt sich der Kauf der Investition als schuldig geblieben heraus. Das Kapital, wiederbelebt, gibt sich als unverzichtbar. Ein Wunder, auferstanden aus Asche. Investition ein magischer Vorgang. Während Arbeit im Stoffwechsel sich verbraucht, wandert das eingesetzte Kapital von einem Konto (Investition) auf das andere (Amortisation), dort angelangt flugs unverbraucht wieder heimlich zurück, zieht „rechtmäßig“ erworbenen Gewinn nach sich. Auf die Dauer bis zur Amortisation, hoch erhoben vorgewiesen, hat sich bei der Amortisation (wörtlich: Abtötung) angelangt, seine magische Aufgabe – Gehortetes, dem Kreislauf, Arbeit gegen Arbeit entzogene, von Arbeit ungedeckte, wertlose Scheine vorzuweisen – erfüllt und nimmt in Anspruch, Arbeit ermöglicht zu haben. Anfangs entsprach das Geld (Münze), als Zwischenglied, vollwertig durch seinen Metallwert (Gold), dem Grundsatz nach *Adam Smith*, dem Tausch. Die Münze, manipulierbar, kommt ihrer zugedachten Funktion nicht mehr nach, sie läßt sich dem Umlauf entzogen, dauernd lagern. Mit der einstigen, vorteilhaften Lagerfähigkeit, ist der Keim einer Entwicklung gesät, hin zum Papierschein, zu dem in der industrialisierten Wirtschaft sich ausweitenden Kapital. Er kommt sich in einem handzuhabenden, scheingedeckten Stricherlkonto zur vollen Entfaltung. Gold, eines der unergründlichen Menschheitsrätsel.

Die Grundsatzgleichung „Arbeit = Konsum“, und umgekehrt, die unmittelbare Begleichung, wird vorgetäuscht, indem der Kapitalanteil parasitär an die Arbeit (Stückpreis) geheftet, einschmuggelt in die Ware zur Ware wird und Wert annimmt. Dem Konsumenten angelastet, der Kapitaleigner sich entbindet, stottert in Raten, über den Stückpreis, den Kapitaleinsatz ab. Der Kapitaleigner nach der Rückerstattung (Amortisation), den Grundsatz umgangen, zum Schuldner wird. Das Einkommen der Konsumenten hat sich gegen Kapitalanlage eingetauscht, auch das entspricht der Wirtschaftslehre, eine Leistung ist dem Geld entgegenzustellen. Die Arbeitskraft wird derart zweimal in die Pflicht genommen, einmal eben, um die Investition, durch das Ausscheiden als Kosten aus dem Arbeitsprozeß, zu realisieren, zum zweiten, dass sie als Konsument die im Preis enthaltene Investition begleicht. Und es funktioniert, inflationär gleicht das Geld das Manko aus. Nichts vermag sich so sehr zu vermehren wie Geld. Es wächst, wächst, entwächst. Verwundert berichtet die Presse: *„Obwohl die Wirtschaft erfreulich wuchs, blieb die Arbeitslosenquote gleich"*.

Die Höhe der Kapitalanlage richtet sich nach den eingesparten Kosten = Löhnen. Ist die einzusetzende Investition höher als die zu erwartende Einsparung, wird sie unattraktiv, von vornherein als Verlust gelassen. Dem Kredit, dem Zins zuvor zu kommen, was nicht gelingt – nicht gelingen kann, er ist des Kapitals – treibt zur Verkürzung der Laufzeit und nähert sich bedenklich der Unerträglichkeit, seiner Selbst.

Ein jeder Rationalisierungsschub, um im Absatz zu bleiben, verringert, gleichsam als Rückstoß, die Amortisationsdauer. Die Zeit drängt. Time is money. Die Zeit, ein verhängnisvoller Wirtschaftsfaktor, drängt Kapitalanlagen zur Auflösung, um sich erfolgreich zuvor zu kommen. Investitionen sind ein Kreditnehmen auf künftige Einnahmen. Kredite sind Vorwegnahme künftiger Arbeit, den Arbeitsprozeß beschleunigend, um ihn einzuholen, was nicht zu schaffen, tödlich ist.

Investitionen lassen sich zurückverfolgen bis zur Suche nach dem geeigneten Stein, dem Bau eines Wetterschutzes. Sie waren lebenserhaltend. Geräte erleichtern durchzuführende Arbeiten, ermöglichen überhaupt erst bestimmte Arbeiten und lassen Arbeiten präzise, qualitätvoll durchführen. Der Aufwand für sie wurde als unumgänglich in Kauf genommen. Während einst eine Investition (Amboß) Generationen überdauerte, vor Jahrzehnten noch zehn bis fünfzehn Jahre währte, nähert sich die Amortisationsdauer kurzschließend dem absoluten Nullpunkt, dem der unabdingbaren Konsumtion, das Gesetz „Arbeit = Konsum" unmittelbar sich erfüllt, die Investition zur unabdingbaren „Konsumtion" mutiert, das Kapital aufhebend. Aufgespürte, billigere Arbeitskräfte halten den systembedingten Vorgang hintan, lassen, über den investitionslosen Stückpreis, aufatmen.

„Bedürfnisse müssen geweckt werden" lautet eine Grundregel im Marketing. Ein Bedarf, ein künstlicher, ist aufzubauen, zu implantieren, zu kreieren.[10] Um dem Niedergang zu entkommen, etablieren sich Produktionen, die eingeredet, nur dazu dienen das Getriebe in Gang zu halten, die, weil überflüssig, niemand braucht. Beengt, verzweifelt, der Aufschrei, gehört bei der Autowerbung: „Mehr, mehr, noch mehr!" Und es schallt weithin, „Weißer, weißer, weißer als weiß." Die Steigerung vergißt sich nicht an der Konkurrenz, sie herabsetzend. Das verstieße gegen den Ehrenkodex, angehörend der Ideologie des Freien Marktes. Ihm allein ist es vorbehalten, den Erfolg über den Absatz fair zu regeln. Sparsamkeit ist out, der Boden abgegraben, sie rentiert sich nicht. Kredite (auf die Zukunft) sind schmackhaft gemacht, ein Steg zum nächsten Zyklus, vom Export – Import nun einmal abgesehen. Das Marketing tritt auf die Bühne und alle spielen mit, wollen dazu gehören. *„Der ökonomische Mensch (ist) seinem Wesen nach ein gefräßiger Konsument, ein Sklave seiner wachsenden Bedürfnisse".* Lewis Mumford. Erhebungen[11] ergaben, daß nicht die Menschen in den hochindustrialisierten Ländern sich am glücklichsten finden, wie erwartet werden konnte, sondern die in Bangladesh, Philippinen, Indien u. a. Nicht etwa, weil sie arm sind – das muß betont werden, denn es könnte sich sogleich einer finden, der das aufgreift und uns glücklich machen möchte – sondern aufgrund des von ihnen gepflegten Umganges in der Familie, der Verwandtschaft, und aufgrund der Tatsache, daß sie solidarisch miteinander leben. Nicht das immer MEHR macht glücklich. *„Liebe ist nicht ein, sondern das einzige Mittel, um glücklich zu werden."* Francoise Sagan. Die Wirtschaft,

10 Verschiedenste Tricks werden angewandt, z.B. Münzen anstatt von Banknoten in den Umlauf gebracht.

11 London School Of Economics: „Subjekt Glücksgefühl"

entfremdet, ist nicht mehr wirtschaftlich, sie hat, zum Selbstzweck sich erhaltend, gewinneinbringend zu sein.

Die Manipulation, dem sich herausgebildet habenden Regelwerk nachkommend, erfordert: Gewandtheit, Geschick, Voraussicht, Umtriebigkeit, Organisationstalent, Risikofreude, Wagemut, Einsatzbereitschaft, Tatendrang, Zielstrebigkeit, Beharrlichkeit, Spiellust und auch Verzicht. Eine Menge von Fähigkeiten, die nur wenigen eigen sind, daher diesen mit Recht ein entsprechendes Einkommen zusteht. Und sie werden eingekauft, intern, nicht auf dem freien Markt, dem Regelwerk von Waren unterliegend. Reichtum stellt sich durch ihr alleiniges Tun nicht ein, erst dann werken Lohnempfänger ihnen zu. Reichtum (Kapital) kommt durch zugeflossene Arbeit, Mehrwert, zustande.

Gute Manager kosten eben! Umstände, wohl gewollt, fallen dabei auf. Nicht nur der, daß die von ihnen eingekaufte Beratungstätigkeit steigt; in einem ähnlich prozentualen Umfang als die Anzahl der Manager zunimmt, wächst die Anzahl der Arbeitsuchenden. *„Der Wert eines Unternehmens wird immer stärker durch Reputation seiner Führungskräfte bestimmt“* (Trend).
Diese überproportionalen Einkommen, zur Dekoration abgelagert, werden dem Umlauf entwertend entzogen.

Hühner wurden auf ihre Merkfähigkeit hin (Intelligenz?) getestet. Festgeklebte und lose liegende Körner wurden ihnen vorgesetzt. Die einen fanden bald heraus, daß bestimmte Körner nicht aufgepickt werden können und ließen es sein. Andere erlagen weiterhin der Versuchung, wurden des Pickens nicht müde.

Die Sitzordnung (Hackordnung) entspricht nun nicht, wie erwartet werden könnte, der „Intelligenz“, sondern der Robustheit des einzelnen Huhns.

Während vormals, im Feudalismus, namentlich fassbare, in das Geschehen eingebundene Personen, Reichtum den in Fron Stehenden abnötigten, handelt es sich in der industriellen Wirtschaft um ein, auf dem Lohn basierendes Regelsystem, das auf/abwertend wirkt, an dem Widerspruch zehrt.

Der Markt: Der Markt regelt die Preise. Das an Lohnkosten weniger Aufwendige setzt sich durch. Eine Auslese. Was aber wird auf dem Markt

gehandelt, getauscht? Arbeit wider sich, möglich durch den verfremdeten Preis. Auferlegter Suizid. Die Auswirkungen haben sie, die Lohnempfänger, eine Ware wie jede andere auch, ein und verkauft, zu ertragen. Nur eine Reservearmee von Arbeitslosen – eben ein Widerspruch an sich – läßt die Wirtschaft frei sich entwickeln!
Ein Minister sagt: *„Beträgt die Arbeitslosenrate nicht mindestens 5%, kann nicht von einem freien Arbeitsmarkt gesprochen werden. Die Bewegungsfreiheit der Unternehmen wäre,* aus seiner Sicht, *durch den Mangel an Arbeitskräften eingeschränkt, zum Nachteil der zu schaffenden Arbeitsplätze!"*
Ein anderer vertritt die Ansicht: *„Nur bei einer schwachen Gewerkschaft vermag die Wirtschaft zu wachsen. Das Schwinden von Arbeitsplätzen wirkt heilsam auf die Leute"*.

Und es ist nicht zu fassen, sie, die Betroffenen jubeln, seit Menschengedenken, den hohen Herren auch noch zu, erliegen der angefachten Hoffnung, als auch dem, einmal beim Feiern, den Paraden, dem gebotenen Schauspiel, mit dabei zu sein. Sie nehmen teil an den ihnen vorgeführten Festen, als gaffend Zaungäste, verleihen ihr, der Gesellschaft, staunendes Ansehen, überhöhen sie, himmeln an, werden derart zu gefälligen Akteuren. Sie setzen es in Szene, ohne sie wäre es nicht. Und, sind dessen sich nicht bewußt.

Geld sichert eine Vorrangstellung, wird angebetet, bringt sich ein. Geld gibt das Wirtschaftsgeschehen vor. Kapitaler Wertzuwachs ergibt sich durch gegenständliche Arbeit, mit „Voraussicht allein", wie oben angeführt, wird er nicht erbracht. Selbst geniale Erfindungen werden erst dann zu Geld, realisieren sie sich zur Ware. Die Illusion (Kapital) in Form von gehorteten Scheinen, im „Sesam öffne dich" gelagert, hervorgeholt und vorgezeigt (Investition), läßt Arbeit zu. Ein Zauber. Und der Zauber steht unter dem rechtlichen Schutz von Besitz, das in Form von Arbeit ungedecktem Konfetti besteht. Die Reichen und Mächtigen von heute werden nicht ausgehalten, sie beziehen den Reichtum aus einem ihnen zufließendem Regelsystem, den herbeigesehnten Arbeitsplätzen.

Die Ausbeuter der vorindustriellen Zeit können personifiziert, namhaft vorgezeigt werden. Das geht nun nicht mehr, das System ist ungreifbar, anonym, ökonomisch naturgegeben, das eben nicht dingfest gemacht werden kann. Hitler, ihm gelang es, er personifizierte: *„Die*

Juden sind's, mit raffendem und nicht schaffendem Kapital!" Diese einfältige, verleumderische Erklärung, hat an Wirksamkeit nichts eingebüßt. Die herkömmliche Sichtweise, die Investition werde sehr wohl redlich bezahlt, gilt. Was würde *Adam Smith* dazu sagen? Dem entgegen veranschaulicht die Graphik den Vorgang. Es reizt, dieses Dogma in Frage zu stellen.

Sie, die Sozialisten hinterfragten das Kapital, stellten es aber nicht in Frage, glaubten, örtlich eingegrenzt, zusammenzugehören, reichten die Hand, dem Betrieb, den sie, von Anfang an mit dabei, aufbauten, in dem sie arbeiteten, der der „ihre" war. Banden als „Betriebsräte" sich ein. Glaubten an die Versöhnbarkeit von Kapital und Arbeit. Das ging, so lange die Nachfrage, das Kapital befriedigend, anhielt, dann wandte, das System – Kapital sich ab, ignorierte den nicht vereinbarten Vertrag und es war aus. Vereinnahmt halten sie durch mit den ihnen gebotenen Mechanismen, ohne diese auch nur einmal in Frage zu stellen. Eingebunden in dem Gegebenen, bleibt, notgedrungen, nichts anderes als durchzuhalten, ihnen verwehrt, bleibt jegliches kritisches, auch nur leises Aufhorchen. Betäubt vom gebotenen Konsum, dem Lebenselixier des Systems, denken sie systemkonform. Vereinnahmt in einem verdammt schädigenden Bündnis, graben sie geblendet, in Angst um den Arbeitsplatz, ihre natürlichen Ressourcen bis hin zum bitteren Ende mit ab.

Aber, vermag die Arbeit denn vom Lohn sich zu befreien?

Der Erzbischof Don Helder Camara, Brasilien, sagt: *„Wenn ich den Armen Brot gebe, nennt man mich einen Heiligen. Aber wenn ich frage, warum die Armen kein Brot haben, nennt man mich einen Kommunisten."*

Kaum war der Krieg aus, gingen sie hin, die noch da waren, in den ihren, zerbombten Betrieb, entrümpelten, setzten ihn instand, auch ohne Kapital, fuhren ein in die Zeche (Fohnsdorf), bis die Besitzer sich wiederfanden.

Und es gibt sie offenbar, die Unternehmer, die sagen, daß sie sich dem Diktat der Finanzströme, der Globalisierung, dem Zugzwang widerstrebend, ausgesetzt sehen. So unrecht haben sie, mit ihrem Seufzer, nun wieder auch nicht, denn sie wissen nicht, worauf sich ihr Erfolg aufbaut. Und wollen es auch nicht wissen, denn sie würden sich sonst den Boden unter den Füßen abgraben, erwehren sich der Kritik.

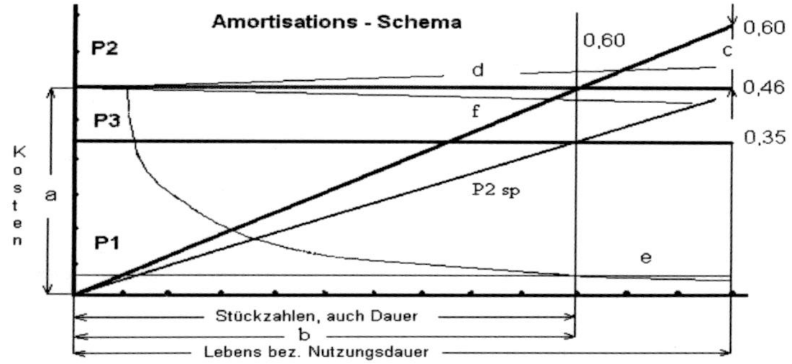

Legende:

P1 = Konkurrierender Stückpreis. Preisorientierung für P2.

P2 = Investiertes Kapital.

P2 sp = Stückpreis von P2

P3 = Dritter Anlauf, Kapital zu investieren.

a = Investition, Sachkapital.

b = Kostengleiche. Das Kapital wurde von den Konsumenten, in Raten über den Stückpreis, zurück getragen. Das widerspricht dem vorgegebenen Grundsatz des Wirtschaftens. Produktion „P2“ ab jetzt wettbewerbsfähig.

c = Rendite, Gewinn, Preissenkung oder mehr Güter. Der Kapitaleinsatz „a“ hat sich der Lohnsumme P1 zugute kommend, eingespart.

d = erhöhte Stückkosten = Einnahmeverlust. Eine jede Preiserhöhung von „P2“ beschneidet den Rückfluß des Sachkapitals. Um ins Geschäft zu kommen, wird der zur Verrechnung gelangende Preis von P1 gesenkt. „b“ verlagert sich demnach dem Ende der Nutzungszeit (Lebens-Einsatzdauer) zu.

e = Stückkosten

f = angenommener Zeitfaktor. Kostensenkung vollzieht sich über die Löhne als auch, an sie geknüpft, über die Zeit. (Längere Arbeit bei gleichem Lohn, als auch mehr Leistung bei gleicher Zeit. Der Stückpreis bleibt gleich, der Zeitaufwand wird direkt oder indirekt kleiner).

Interpretation:
Die Einteilungen an den Koordinaten stellen einen Wert von 1–9, bzw. 1–13, dar. Mit aus der Praxis genommenen Werten würde die Aussage keine andere sein.
Die erste produzierte Einheit aus „P2", zum Preis von „P1" = 0,4 angeboten und verkauft, läßt einen Verlust von 6 Kosteneinheiten „P2" minus 0,4 Einkommen stehen, das 15fache von „P1". Bei 10 verkauften Produktionseinheiten haben sich die Einnahmen zu einem Preis von „P1", mit den Investitionskosten von „P2" abgedeckt, (Kostengleiche, Rückkehr des eingesetzten Kapitals in Raten) und für 13 verkaufte Einheiten ergibt sich eine Verkaufspreissumme nach „P1" von 8 Einheiten, hingegen bei „P2" eine Kostensumme von 6 Einheiten, ein Gewinn von 2 Einheiten, oder 25% bezogen auf den Verkaufspreis „P1", dieser allerdings reduziert sich um „d". „P3". Der eingesetzte Investitionsaufwand geht von einer Produktivität von 24% aus, [12]die der von 0,60 auf 0,46, also von 0,46 auf 0,35 entspricht, und somit von einem, in der Graphik dargestellten, reduzierten Kosteneinsatz um 1,44 Einheiten. Um einer unzutreffenden Auslegung der Graphik vorzubeugen; die gewinnbringende Größe des einzusetzenden Kapitals geht nicht (wie einleitend) von einer Annahme aus, sondern ergibt sich aus der Gegenrechnung mit dem einzusparenden Lohn, in einer bestimmten Frist (Amortisation) und erlischt, gibt es keine Lohnkosten mehr.
Eine verkürzte Laufzeit (gleiche Menge in kürzerer Zeit) gleicht die schwindende Kaufkraft aus, wie auch, wie oben angeführt der Markt. Eine fatale Entwicklung. Der Kapitaleinsatz verringerte sich, nicht aber die Kosteneinsparung. Das bedeutet, das Kapital gewinnt an Bedeutung gegenüber den Kosten. Oder anders gedacht, mit dem Einsparen von Kosten gewinnt das Kapital an Wert, an Bedeutung. Dieser Vorgang schlägt am Börsengang sich nieder.
Die der Industrialisierung lebensnotwendige Produktivität, um im Absatz somit am Leben zu bleiben, läßt sich eben so, durch direkte Lohnsenkungen, erreichen. Forderungen, um den gleichen Lohn mehr

12 0,46 durch 0,60 ergibt eine Senkung auf 0,76% und somit eine Einsparung von 24%. 76% von 6 Kosteneinheiten ergeben 4,56 Kosteneinsatz.

zu leisten, werden erhoben und wenn dem nicht nachgekommen wird, wird in Billiglohnländer ausgewichen. Wobei sich der Vorteil ergibt, sinkt die Nachfrage, läßt sich die Kapazität mühelos an den Bedarf anpassen, hingegen Investitionen als Fixkosten bestehen bleiben.
Würden, ein Gedankensprung sei erlaubt, die freigesetzten Löhne nun gegen „a“ ausgetauscht, wären sie bei „b“ wieder zurückgekehrt, und die Wirtschaft hätte den Anreiz und funktionierte. Die eingesetzten Begriffe, Annahmen sind es, Vorstellungen, Empfindungen, sie lassen sich experimentell, nicht nur gedanklich, vertauschen, und das eingenistete Kapital stellt sich sogleich, nicht gegen gerechnete, sich auflösend, als Schimäre dar. Ihr sitzen wir auf. Das Kapital (Münze) stellt sich, entblößt, als absolut abstrakter Wert heraus. Eine weltweite Übereinkunft, ein durch Jahrhunderte fundiertes Tauschmittel, das seinen Wert über den Mehrwert der Arbeit bezieht, mutierte zu einem Jeton. Verinnerlicht, wird alles, aber auch alles, auch die Natur, befangen, nur mehr in Kosten, d.h. in Münze, entsinnt gemessen und was sich mit der Münze, über den angewandten Lohn (Kosten), nicht bewerten läßt, ist wertlos. Ein Trugbild, uns fest im Griff habend. Der Baum im Wald hat keinen Preis, erst die angelegte Hand vermittelt ihn ihm und geht, über bezahlten Lohn, mit ihm, dem Begehren nach dem Holz, als Gewinn, in Besitz über.
Die Dauer, die es braucht, die Kluft, die sich mit „b“ auftut, ist es offenbar, die „a“ zu nutzen versteht, überbrückt sie, nicht nur mit gelagerter, somit ungedeckter, entwerteter Münze – u.a. auch mit Voraussicht, betoniert sie ein und fordert Brückenmaut in Form von Vorrechten. Wo bleibt Kohlhaas!

Belege, aus der Österreichischen Wirtschaftsstatistik:
Vermögensaufteilung:

> 10% der Österreicher verfügen über die Hälfte des Privatvermögens.
> 40% der Mittelstand, über 45%.
> Die ärmeren 50% 4,5 Mio. Menschen) müssen sich um 5% des Privatvermögens abrackern.

Gewinn und Betriebseinkommen sind seit 1999 mit 29% doppelt so schnell gestiegen wie die Lohn- und Gehaltssumme, die Kaufkraft hat seit 1992 um 7% abgenommen. Einkommen aus „Besitz" – fällt es denn nicht mühelos in den Schoß? Besitz, er definiert sich nicht nur, daß sich von ihm bequem leben läßt, sondern, daß er, von sich aus, ohne Zutun sich vermehrt.

Weltweit: Nach einer Studie des United Nations Development Programm verfügen 358 Milliardäre der Welt heute über eine Geldmenge, die größer ist, als das jährliche Einkommen der knappen Hälfte der Weltbevölkerung. *„Ein Bill Gates ist reicher (wenn er es auch z.Z. nicht mehr ist) als alle Amerikaner zusammen."*
Jeremy Rifkin: *„Das Vermögen ist nicht durch Arbeitsleistung* (des Besitzers!) *zustande gekommen, das ist auch nicht möglich, sondern durch Besitz geschaffen worden"*. Dieser kommt durch angeeignete, fremde Arbeit zustande, jenes wieder erhält sich an ihr.

John R. Saul schreibt: *„Der Abstand zwischen hohen und niederen Einkommen hat sich zwischen 1929 und 1969 kontinuierlich verringert, seitdem vergrößert er sich wieder, kontinuierlich. In Großbritannien ist der Abstand zwischen dem höchsten und dem niedrigsten männlichen Arbeitslohn der größte seit 1880"*.
Manager in den USA verdienten früher nicht mehr als das 20fache des Durchschnittsverdienstes eines Arbeiters, mittlerweile – obszön! – das 200fache! Neuere Angaben notieren, Anfang der 80er Jahre in Europa, ein Verhältnis von 1 zu 42, Ende der 90er Jahre 1 zu 411. Und das Fußvolk fragt sich: Wofür?!

Günther Anders: *„Das Bewegende ist größer als das Bewegte." Heute gilt vielmehr, antiaristotelisch: Das Bewegte ist größer als der Bewegende. Fortschritt? Ausschließlich der Abstand zwischen uns, den Produzierenden, und unserer Produktion."*

Die wirkungsvollste Form der Sklaverei ist eben, das wissen die da oben immer schon ist jene, die von den Sklaven selbst gewünscht wird. *„Und sie werden uns ihre Freiheit (Errungenschaften) zu Füßen legen und sagen: knechtet uns lieber, (aber gebt uns Arbeit) – macht uns satt"*. Dostojewski in seinem Buch „Die Brüder Karamasow". Wen wundert es, ihr

Selbstbewußtsein – ungepflegt – ist verkommen, korrumpiert, längst entschwunden, verloren gegangen.

Kränkelnd, sich abfindend, an der Ungewißheit leidend, möchte man wenigstens deren Namen erfahren.

Der Präsident der Wirtschaftskammer sagt ohne Umschweife, gerade heraus: Geht es (uns) der Wirtschaft gut, dann geht es allen gut.[13] Er kuppelt die Allgemeinheit, die Mehrheit an eine Minderheit, undemokratisch, einfach an, sie dem Wohlergehen seiner Wirtschaft unterordnend. Eine Unfreiheit! Es könnte ja – einmal nur angenommen, – auch umgekehrt laufen: Geht es der Allgemeinheit gut, geht es auch der Wirtschaft gut! Das wäre Demokratie. Diese seine Formulierung bringt zu Tage, worum es dem Boß eigentlich geht. Die Wirtschaft, sie ist den demokratischen Regeln nicht unterworfen, entzieht sich, agiert niemandem verantwortlich, privat.

Die zwei Seiten: Nachfrage (Lohn) – Angebot

Nachfrage und Angebot durch das kapitale Aufgebot für Investitionen aus dem Gleichgewicht gebracht, läßt inflationäre Narben im Geldvolumen zurück, obwohl der Standard steigt, sobald die Produktivität wirksam wird. Das zeichnet sich in der Wirtschaftsstatistik dann so ab: Die Inflation beträgt 2 ½%, das Wachstum 3 ½%. Produktivität, Steigerung der Leistung pro Beschäftigtem, ein analoges Senken der Kosten und derer ihres Einkommens.

Die Ausweitung der Produktion wird vorangetrieben von der der Amortisation (wörtlich: Abtötung) gesetzten Frist, der Lebens – bzw. Nutzungsdauer der Investition. Nur wenn die Anschaffungskosten plus den restlichen Lohnkosten (und anderen: Instandhaltung, Energie, Rücklagen, Platzkosten, Verzinsung, u. a.) aufgeteilt auf die Produktionseinheit innerhalb der Frist sich geringer erweisen, mit anderen Worten, die Summe der verbleibenden Löhne plus die der Investition, dann sind

13 Für wie blöd hält er sein Publikum, dass er glaubt sie mit solchen Sprüchen fangen zu können?

sie wirtschaftlich, sind sie mit Gewinn an den Mann zu bringen – sind sie rentabel. Die Einsparung von Lohnkosten (mit all den Nebenkosten) bringt – so nebenbei – geldwertes Ansehen ein.

Um es in einem Satz zu sagen: Nicht die Bedürfnisse treiben die Produktion voran, die Wirtschaft – nach Atem ringend – fordert, entfesselt, im Selbstlauf, Nachfrage.

Die Tiere, ihnen immer schon eigen, hören, sobald ihre Bedürfnisse befriedigt sind, auf zu „arbeiten", geben sich der Körperpflege, dem Miteinander, dem Spiel, dem Träumen, dem Nichtstun, hin. Dem Menschen ist dieses wirtschaftliche Idyll gestört, oder hat so nie bestanden, aber, es ist der Ausgangspunkt der Betrachtung, denn so sollte es eigentlich sein, leben, nicht um zu arbeiten, sondern um zu leben. Faul sein zu können macht erfinderisch.
Die Zeit, die verblieb, als sie das Feuer zu beherrschen erfanden, das Tier hinter sich ließen, formte das Gehirn über sich hinaus. Das erste Lagerfeuer der Steinzeitmenschen loderte vermutlich schon vor 790.000 Jahren. Gezähmtes Feuer im Kamin fasziniert.
„Arbeit ist keine primäre menschliche Eigenschaft? Betätigungslust ja. Arbeit nein". Alexander Kluge. Vom Sklaven unterscheidet der Lohnsklave sich, daß er sich verkaufen muß, um sich am Leben zu erhalten, das Leben des anderen, in Besitz genommen, verpflichtet, gefüttert zu werden. Mit dem Ausdünnen der Löhne, geatzt, werden sie wieder zu Sklaven. Und jubeln die ihnen vorenthaltende Arbeit hoch, hungernd nach ihr verlangend.

Davon weit abgehoben, verzögert und mittelbar funktioniert die Wirtschaft, der Markt. Sie bedarf eines permanenten Nachfragegefälles, des Hungers, um in Gang zu bleiben. In der Nachkriegszeit gab es ihn, ein mengenmäßiges Szenario, die Wirtschaft vorantreibend (Wirtschaftswunder). Sobald dieses, gesättigt sich aufhebt, beginnt das Geläufe zu stottern. Vergeblich, der von der Werbung geschürte Neid verlangt nach dem Angepriesenen und dem letzten Schrei. Modelle, mit einer zugefügten Taste neue gekreiert, das Ablaufdatum kürzend, locken. Alexander Kluge schlägt vor: *„Was erst, wenn es möglich wäre, eine Käufereigenschaft durch transgene Rezepturen zu verbessern? Ein weiter Weg vom Hans – im – Glück zum modernen transgen ausstaffierten Käufer von 2032!"*

Vergeblich die inszenierte, oktroyierte Wegwerf-Verschwendergesellschaft. Vergeblich der Umstieg in die Dienstleistungsproduktion. Mit Rüstungsaufträgen (Vorbereitung auf den Krieg) mit ihnen allein, läßt sich der Nachfrage wirksam nachhelfen, die Wirtschaft zum Florieren bringen (USA, EU). Eigenartig, oder doch wieder auch nicht, jedenfalls aber nicht mit sozialer Aufwendung, denn die Verwertung von Löhnen schließt sich aus. Die Rüstung und vor allem deren Export, ist ein der Wirkungsweise der Wirtschaft entsprechendes Mittel. Sie entspricht ideal dem Grundsatz des Wirtschaftens, daß dem Verbrauch eine gleichwertige Leistung entgegengestellt werden müsse. Sie schafft heiß ersehnte Arbeitsplätze, vernichtet das Produkt im Krieg, letztlich durch die eigene Leistung und schafft so neuerlich Arbeitsplätze. Die Gentechnik wieder langt unmittelbar, direkt, nach dem Hunger, patentiert, verleibt sie ihn sich einfach ein. Manipuliert das Saatgut, so, das es nach einer Ernte tot, nicht mehr keimfähig ist.[14] Eine vorbeugende Maßnahme, denn geht dem System-Kapital das Treibmittel Löhne aus, im Besitz der Lebensmittel, wandelt es sich in lohnlose Sklaverei. Hirngespinste? Oder, nicht doch, logisch weiter gedacht?
Die sich ergebende „Pause“ verlagert sich, die Wirtschaft nun als Einheit gesehen, hin zur „Freisetzung“ des Arbeitenden. Das Sparguthaben der Konsumenten, nicht aber das Anhäufen des Kapitals, wodurch das Gefälle, dem Umlauf entzogen, sich reduziert, wird als Schuld an der Misere, ihnen, den Sparern zugewiesen. Die Sparguthaben werden besteuert, nicht aber die Gewinne. Das gibt zu denken!

Die sich ergebende Pause ist zu hinterfragen, läßt sich doch daraus der Profit erklären. Er ergibt sich nicht aus dem auf die Preiskalkulation aufgeschlagenen Gewinn, wie leicht verständlich angenommen wird,

14 Es gibt Überlegungen aus Sorge um den Arbeitsplatz, denen nicht beizukommen ist, sie halten, aus der Not kommend, eisern stand. Dazu zählt: Alle verdienen an der Rüstung – warum wir nicht auch? Wenn wir es auch nicht tun, die anderen tun's – wir überlassen ihnen die Arbeitsplätze! Hunger mach gefügig.
„Arbeitslosigkeit … läßt die Arbeiter … in Bezug auf die Arbeit, immer fremdenfeindlich sein … und sie die ganze Erde beschuldigen, ihnen die Arbeit zu stehlen – eine für die Intellektuellen, die die Theorie des Proletariats entwickelten, mit Sicherheit verwirrende Haltung – und doch ist deren Reaktion überaus menschlich und sehr entschuldbar. Nicht die Beherrschung der Welt … macht diese unerwarteten Nationalisten den anderen Nationalisten streitig, sondern das Privileg der Knechtschaft!“ Albert Camus.

der kann bei einer Fehlspekulation verloren gehen, nicht aber kapitaler Profit. Der Arbeiter produziert mehr als er verbraucht, mit anderen Worten, die Pause verwehrt, gewinnt seine Arbeit daraus an Wert, den Profit. Der Grundsatz der Gleichung „Arbeit = Konsum“ und umgekehrt, nicht eingehalten, ergibt in einer auf sie fußenden, die Wirtschaft umfassenden Leistungsbilanz, ein Manko zu Gunsten eines zufallenden Profits (Mehrleistung). In einer Wirtschaft, experimentell nun einmal in Naturalien gedacht, ergibt sich der Profit in auslagernden, nicht verbrauchten Naturalien, wofür der Eigner um einen Absatz sich bemühen müßte. Die beschriebene Funktion, der Mehrwert, die Arbeit und somit den Lohn auszehrend, der Warenproduktion unterlegt, läßt den Übergang des Profites ins Kapital durchscheinen. Der Mehrwert wechselt sich ein. Geld, lagerfähig, realisiert den Profit. Kapital unterliegt nicht dem Druck, verkauft werden zu müssen.

Konstant muß die Nachfrage die Wirtschaft überlagern, um sie in Lauf zu halten. Nur überhöhte Nachfrage, Hunger, der die Arbeit jubelnd hoch leben läßt, hält das Getriebe flott in Gang. Um dessen Bedeutung hervor zu kehren: Dem erhofften Gewinn einer Investition geht, ihn bestätigend, die zu erhebende Nachfrage voran. Ohne Gewinn gibt es keine Produktion. Ein wertender Impuls, ein wirtschaftliches Element, das als solches wahrzunehmen ist. Sobald das Verhältnis von Angebot und Nachfrage, zum Nachteil des Angebotes, sich verschiebt, beginnt das Geläufe zu holpern. Das Gefälle, gegeben aus der Relation von + / – Angebot beziehungsweise, + / – Nachfrage, deren, auf sie hinzuweisende, Eigenart, liegt nun nicht in dem, aus dem Gefälle sich ergebenden Gewinn, sondern in der Eigenart des Gefälles selbst, – „es wertet“, auf oder ab. Dieser Umstand, eingefärbt, ist Gegenstand der Betrachtung.

Angebot und Nachfrage stehen in einer direkten Beziehung zueinander, tauschen sich wertend aus. Läßt die Nachfrage nach, nimmt deren Wertigkeit (Bedeutung), gegeben durch das relativ höhere Angebot, zu, dem entgegen die des Angebots ab. Werbung sucht dem zu begegnen. Ein extremes Gefälle, Hunger, verheißt Absatz, gesicherte Voraussicht mobilisiert! Wird er absehbar, bremst die Wirtschaft sich ein. Denn, ist die Auftragslage nicht auf mindestens zwei Jahre gesichert, und gehen die Aufträge auch nur um 20% zurück, ist die Amortisation nicht mehr gegeben, als Fixkosten erweise sie sich als nicht zu eliminieren. Hingegen wird rundweg bekannt, daß entgegen kostspieliger Investitionen Arbeitskraft den Vorteil habe, sie bequem kostensenkend der erforderlichen Kapazität anzupassen, sie also, wenn erforderlich, jederzeit wieder „freisetzen" zu können. (Unfreie werden freigesetzt!) So funktioniert das Wirtschaftsgeschehen.

Die Verquickung der Produktion mit dem bzw. deren Trennung vom Verbrauch, über den Markt, läßt den Preisgestalter auf die nachlassende Nachfrage (Pause) preissenkend reagieren und verstärkt über den nun einbehaltenen Lohn nur noch den internen Nachfrageverlust. Um dem zu entkommen, flieht die Produktion, gefördert von hohen EU-Krediten, in Niedriglohnländer, dem Umstand nachkommend, daß sich analog zur Preisverminderung die Nachfrage erhöht (Grafik). Globalisierung mit ihren verheerenden Folgen, dem Angleichen an den niedrigsten Lebensstandard ergibt sich als Ausweg. Auf die nicht „ausreichenden" Geburtenraten in Europa wird ablenkend hingewiesen. Mit Zuwanderern läßt sich das ausgleichen. Das (fragwürdige) System, Besitz an der Produktion, wird so auf einen manipulierbaren, sich erhaltenden Stand gehalten. Es ist doch simpel einfach, wird hingewiesen, nach Adam Riese ist es an fünf Fingern abzuzählen, ein in Arbeit Stehender müßte drei, wenn nicht vier Pausierende erhalten, wenn es so weiter geht.[15] Der Gedanke, daß der Bedarf von der vorhandenen Kapazität gedeckt werden könnte, kann ihnen nicht kommen, er findet sich nicht in ihrem Denkschema. Ihre Reaktion, bei mangelnder Nachfrage, ist abschalten. Die notgedrungen, gefügige Anpassung, an die Gegebenheit, führt zum Weiterbestehen der Unmöglichkeit des Systems, des freien Wettbewerbes. Darüber hinaus, schöpfen eingeführte Billigwaren, nun die noch vorhandene interne Nachfrage, bis hin zum bitteren Ende, ab.

15 Das Verhältnis Eins zu Vier deckt sich überraschend, mit dem was die Weisen voraussagen.

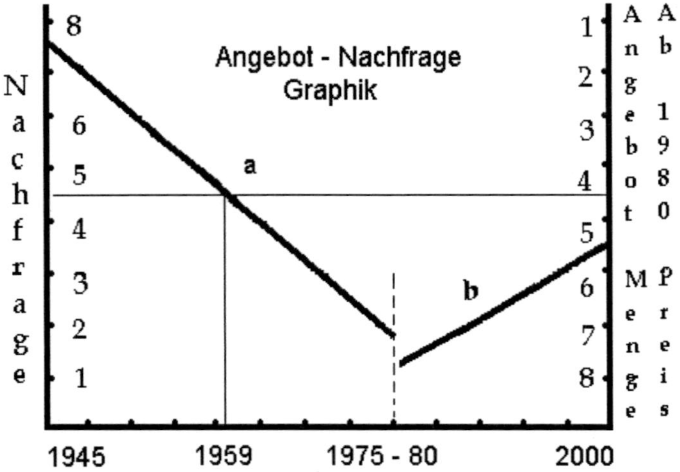

Legende: a = Nationale Bedarfsdeckung. 1975 ist es dann soweit, das Ende der Vollbeschäftigung. Die Ölkrise kommt hinzu, läßt das Maß überlaufen. Die Relation „Nachfrage – Angebot", ausschließlich Bedarfsorientiert, birgt eine Wertung, dem Gleichgewicht nachkommend. An der Graphik ablesbar.

b = auf der einen Seite der Latte die Produktionszunahme, auf der anderen die Preisreduzierung. Der Zusammenhang der beiden ist nicht zufällig. Die Skalen der Koordinaten sind demnach gegenläufig, wie eben die Wertigkeit der Ware bei sinkender Nachfrage fällt, als auch die der Nachfrage bei geringem Preis (Lohnsenkung!) steigt. Ein stimulierender, unbewußt wertender, gängelnder Zwang. 1980, Aufbruch in die Globalisierung, mobil dem Preisgefälle, der daraus sich ergebenden Nachfrage, nachziehend.

1959 Ein Ablesebeispiel.

Zur Wertung: Der Regen an einem Sonntag wird anders empfunden als der an einem Wochentag. Die Wertung bewegt umfassend mehr als wahrgenommen wird.

Interpretation:

a) Die Relation Nachfrage – Angebot ergibt, je nachdem, deren „Wert". Er ist beim Angebot 1 gegenüber der Nachfrage 8 hoch und sinkt 1975–1980 gesättigt ab.

b) Das, gegenüber der Nachfrage entwertete, Angebot, wertet die Nachfrage durch sinkenden Preis, bezogen aus externen Märkten, wieder auf. Globalisierung.

Die Neigung des Waagebalkens hin zur Globalisierung, ein sich bietender Ausweg aus der anstehenden Wirtschaftskrise, wirft seine Schatten, widersprüchlich, lohn- d. h. nachfragesenkend, ins örtliche Wirtschaftsgefüge. Das kapitalistische System, national begrenzt und ausgeschöpft, schwappt über, ufert aus (Globalisierung), zerrinnt in der, in ihm sich verlierenden Nachfrage. Die Lust am Einkaufen geht zurück, seufzt die Wirtschaftskammer. Der Kanzler, er weist auf die Sparguthaben hin.

Mit einem relativ „hohen" Einkommen läßt sowohl die physische als auch die psychische Nachfrage, beim Namen genannt „der Hunger", nach. Der Hunger, der Durst (Privatisierung, aneignender Griff nach dem Wasser!), ein gefügiger, nicht zu verzichtender Antrieb. Auf ihm der Wirtschaftsablauf, ein eben in sich gekehrter Widerspruch, basiert. Kritik wird von den einen der Beteiligten, als „ideologisch" besetztes, weltfremde Hirngespinste abgetan, denn es handelt sich um einen, die Wirtschaft fördernden, unerläßlichen, allen zugute kommenden Wettbewerb. Die anderen, die Lohnempfänger wiederum, sich sehen als ein ertragreiches, unverzichtbares, in Tagebau abzuräumendes Flöz. Solange der „Hunger" reichte, ließen sich immer wieder die Gegensätze, in einem Kompromiß der Sozialpartnerschaft, zusammenführen. Dem Kapital, denen die es vertreten, konnten Zugeständnisse abgerungen werden, solange es den profitablen Zweck nicht gefährdete. Der beiden Interessen deckten sich. Eine der gängigen Lehre entsprechende Synthese. Fassungslos, deren Schwinden, in die Erklärung flüchtend, daß ein entartender Turbokapitalismus vorliege, nicht wahrhaben wollend, er sich folgerichtig ergab.

Die einzelnen, widersprüchlich sich ergebenden Tendenzen zusammengefaßt, ergeben ein erstaunliches Gebilde, das nur in einem ewigen Wachstum sich erhalten kann. Mit allen nur erdenklichen Mitteln, selbst mit denjenigen, die von den Großvätern bekämpft wurden, nun toleriert, wird Wachstum, ergeben Verzicht leistend, angelockt. Für das Kapital gilt: Es wächst, es muß, seinem System nachkommend, wachsen. Das Wachstum der folgenden Periode sichert den Zuwachs der vorangehenden ab. Wachstum erst belebt, wandelt totes Kapital. Wächst es nicht, ist es in der Krise. Nachfolgendes Nullwachstum, ergibt Rückschritt, Stagnation, Entwertung, Verlust, die Versorgung ist gefährdet. Ein nachhaltiger, fataler Kreislauf. Aber vermag es denn auch unendlich zu wachsen? Dazu Horst Afheldt: *„Eine Verdoppelung des Wachstums bedeutet weltweit eine Vervierfachung vom weltweiten Handel und Verkehr. Der Verkehr zu Lande, zu Wasser und Luft ist zentraler Faktor der Zerstörung von Umwelt und Atmosphäre."*

Der Umwelt, als Rohstofflager, auf Kosten menschlichen Ressourcen, ausgebeutet, um dem gefordertem Wachstum nachzukommen, sind natürliche Grenzen gesetzt. Der Widerspruch zwischen der Industrialisierung und der Zerstörung unseren Lebensraumes wird schlagend. Solange die Kapital gesteuerte Wirtschaft, um zu bestehen, wachsen muß, kann von einem Umweltschutz keine Rede sein.

Jeremy Rifkin fragte 150 Top-Manager, *„ob sie die Welt, die sie ihren Enkeln bereiten, für lebenswert halten?"* Die Antwort war 150 mal: Nein! Und sie taten weiter.

Mucken die Übervorteilten, eingeklemmt in den Gegebenheiten auf, was bleibt ihnen anderes, als Anteile abzuverlangen, werden sie der Neidgenossenschaft bezichtigt. Und es wird ihnen sogleich vor Augen gehalten, was das denn schon an Wirtschaftswachstum, somit an Arbeitsplätzen, einbrächte? Und werden vorsorglich, in einem Atemzug, auf das Schreckgespenst, den gescheiterten Kommunismus, hingewiesen, wohin derartige Forderungen führen und damit still gestellt. Und so bleibt, bedrückt, nichts anderes, als sich eben abzufinden. [16]

„Die Armut soll Geschichte werden." Bereits vor zweihundert Jahren haben aufgeklärte Denker, Tom Paine und Nicolas de Condorcet, das

16 Mit dem Einsetzen des Industriezeitalters um 1850 beginnt die Temperaturkurve langsam zu steigen, und dann klettert sie immer schneller in die Höhe. „Gaias Rache" James Lovelock.*

gefordert, wie sich zeigt, vergeblich. Bis dahin galt Armut als von Gott gegeben. Doch lange vor dem Kommunistischen Manifest fand sich bereits in der Bibel, wenn auch vertröstend zeitverzögert, das Versprechen nach gerechtem Ausgleich. Jesus predigte, Bewußtsein, Identität gegenüber der Autorität *„Und ihr werdet Auferstehen vom Tod und die Letzten werden die Ersten sein!"* Und die Kirchen fälschten den Tod, der gesellschaftlich und nicht leiblich zu verstehen war, ins Jenseits hinein. Ein Jenseits, eine Sehnsucht nach der bei der Niederkunft mit Staunen erkannten Wiedergeburt. Die Menschheit, seit Gedenken sich abmüht nach Gleichheit, vergeblich. Jeder der eingeschlagenen Wege versandet letztens. Es bleibt bei einem Aufbäumen. Der Rückfall in die gefügige Normalität folgt. Eine Kreisel, letztlich fällt er um. Die Welt dreht sich unberührt weiter.

Das Motiv allen Wirtschaftens ist nicht, wie allzu gern und immer wieder behauptet wird, Arbeitsplätze zu schaffen, um den Bedarf zu decken, sondern um Gewinne zu machen. Und sie sagen es auch, wie bereits angeführt: *„Wenn es (uns), der Wirtschaft gut geht, dann geht es allen gut"*.

Ein Versündigen gegen das System ist es, wird als Antrieb allen Wirtschaftens auf den Profit hingewiesen. Und sie suchen weiterhin ihr Heil, beharren auf einem System, das an seinem Widerspruch anlangt. Und das auferlegte Geschehen wird als Schicksal hingenommen. Global Brain Trust/1995: Die Weisen sagen voraus, *daß im 21. Jahrhundert 20 Prozent der arbeitsfähigen Bevölkerung ausreichen werden, die Wirtschaft in Schwung zu halten. 80 Prozent wären ohne Arbeit.* Und es wird, wider besseren Wissens, immer, und von allen, nach Wachstum gejammert.

Nachfrage und Angebot, bis die sich finden, je nach deren Gegebenheiten, eine variable Strecke. Investitionen, Rationalisierungen, immer ein Senken der Nachfrage, ein vielschichtiger Eingriff in den Wirtschaftsablauf. Das Kapital, eingebunden als Warenproduzent in den Markt, entzieht sich diesem, als Wert, unverbraucht, sobald es als Pseudoware beglichen wurde. Nimmt am Markt teil, ohne seinen Gesetzen nachzukommen. Es verbraucht sich nicht nur nicht, wechselt fallweise lediglich den Besitzer, nimmt wertmäßig zu, mehrt, stapelt sich.

Ein widersprüchliches Faktum. Es senkt den Preis, erhöht damit indirekt die Nachfrage, und erhöht gleichzeitig mit gestrichenen Lohnkosten das Angebot. Verkürzt seine Laufzeit, analog, von sich aus die Strecke, von einem auf das andere Mal, um sich, dem Widerspruch, zuvorzukommen, die Nachfrage zurücklassend, nähert sich hasardierend seiner Fragwürdigkeit. Privatisiert, schöpft parasitär ab, wo es nur geht, um sich zu behaupten und kauft sich in Bewegung haltend, wechselseitig auf.

Dazu eine statistische Feststellung der Arbeiterkammer Oberösterreich. Die Produktivität (Produktion pro Kopf) ist seit 1995 um fast 18% gestiegen. Der dafür bezahlte Bruttolohn je Arbeitnehmer nur um gut 3% gewachsen. Real und netto, also nach Abzug der Steuern und Abgaben hat ein Arbeitnehmer heute kaum mehr im Börsel als 1995 + 0,5%.
Die Gewinne (Jahresüberschüsse) der größeren österreichischen Unternehmen haben sich seit 1994 fast verdoppelt. Die Gewinnausschüttungen (Dividenden) sind seit 1994 sogar um das 1,5-fache gestiegen! Der Beschäftigungsstand wurde seit 1994 um fast 9% reduziert. Wen wundert's? So läuft es eben.
Es wird wohl kein Zufall sein, daß die so beschworene Wachstumsrate von minus 2%, die Folge der nachfrageorientierten Rationalisierung von minus 1,7% ist, denn die Nachfrage setzte sich sonst nicht fort. Treibmittel und Köder der Wirtschaft.

Die Versuchung liegt nahe, die Bedeutung des Kapitals, unverzichtbar, der eines Ackers gleichzusetzen, auf dem Feldfrüchte produziert werden. Das „Kapital" Erde ist zwar parzelliert, also zugeteilt, wirft Ertrag ab, pflegend wird in sie investiert, deren Aufwand aber, der sich nicht verbraucht, wird vom Ausmaß des Ackers in Grenzen gehalten, während das des Kapitals, seinem Wesen nach wächst, unaufhaltsam wachsen muß, um bestehen zu bleiben. Das „Kapital Erde" muß nicht herbei gebeten werden, um Arbeitsplätze, d. h. Nahrung zu schaffen. Die Erde selbst, ihre Fruchtbarkeit, sie ist und bleibt. Nicht mehr lange! Ihrer Tage sind gezählt! Begierig wird nach ihr, der unverzichtbaren Fruchtbarkeit (Dünger) gelangt, verschlüsselt vorenthalten, mittels eines Codes über sie verfügt (Gentechnik).

Woran mag es liegen, daß ein von der Natur geformtes Versorgungssystem (Ameisen, Bienen) störungsfrei funktioniert, nicht aber das der Menschen? Es funktioniert unter dem Grundsatz der Fürsorge, es wird von keinem, dem Umlauf entzogenen Profit, und dem Aufwand (Rechnungswesen), ihn zu verwalten, belastet.

Der Autor erwartet von sich, wohl auch der interessierte Leser, aus dem Gesagten Schlüsse zu ziehen. Eigentlich aber sind die in dem Exposé bereits enthalten, durch den Blickwinkel gegeben. Möglich, daß die Wirtschaft in der Globalisierung an Grenzen gerät, darin sich verliert, oder aber auch nicht, Naturkatastrophen werden goutiert und, immer noch bietet sich die Rüstung, der Krieg, als Nachfrage an.

Das geht zu weit! Das Wirtschaftsgeschehen kommt der von der Natur vorgegebenen, unumkehrbaren Selektion nach. In der Konkurrenz, der Gegenüberstellung, bewährt sich das Fähige, der Warenpreis wird, sozial, allen zukommend, nieder gehalten. Eine leistungsorientierte Gesellschaft, den oder das Tüchtige als Vorbild und Ansporn dargestellt, weitet befruchtend sich aus. Die Konkurrenz bedarf, um nicht ins Schachmatt sich zu konkurrieren, eines Wirtschaftswachstums. Umsicht ist gefragt! Das Bestreben ist, nicht auf den Stand zu laufen, sondern sich zu mehren, das Geschehen abzusichern. Eine ethische Gesellschaftsform läßt sich erkennen.

In die Betrachtung wären Wirtschaftsfaktoren einzubeziehen, wie das knapp werdende Erdöl (geschürftes Material), fest im Griff der Wirtschaft, unverzichtbare Ware, mit an das Wasser heranreichender Bedeutung, welche dem System abhanden kommend, diesem den Garaus machen könnte. Aber die vorliegende Auseinandersetzung geht dem Sezieren nach, frönt dem Auseinandernehmen; das System entmythologisiert, die Funktion ermittelnd, es entblößt darzubieten.

Die gewinnabwerfende imperialistische Expansion gehört der Geschichte an. Die Produktivitätssteigerungen und der Verbrauch, nur um die Wirtschaft im Gang zu halten, erschöpfen sich. Die Notwendigkeit übergeordneter, exakt wissenschaftlicher Wirtschaftssteuerung läßt die Bedarfsdeckung als gewinnbringend nicht mehr attraktiv erscheinen. Der Raum ist zu eng geworden. Sobald sich die Geld-Umlaufdauer mit der Nutzungszeit zu decken beginnt, ergibt sich ein Kriterium, unter dessen

Druck die Investition zur Konsumation wird. (siehe Grafik: „Beziehung der Nutzungsdauer zur Kostensenkung) Um dem zu entkommen, löst die Investition, in einem globalen Netzwerk sich auf. Die Amortisationskalkulation ihrer Unmittelbarkeit sich zu entziehen sucht.

Schematisch vereinfacht, läßt sich der Vorgang derart skizzieren: Die Geldumlaufdauer entspricht einem bestimmten Betrag in einer bestimmten Zeit, gegeben durch den Austausch der Produktion. Nähert die Amortisationsdauer sich bedenklich der von ihr mit gesetzten Umlaufdauer, unterschreitet sie die vorgegebene Frist, findet sich das Kapital darin gebunden. Es vermag sich, wenn überhaupt, nur noch eingeschränkt umzusetzen. Röchelnd findet sich ein Ausweg – die Globalisierung – ein Aufatmen. Die EU-Erweiterung kommt legalisierend dem nach. Es mag sein, daß als Begleiterscheinung, ungewollt, ein Auflösen der national autoritär geführten Staaten, weltweit einhergeht.

Längst wird der Finanzwissenschaftler Nase rümpfend das Weiterlesen sein lassen, denn er wird für diese Art von Perspektiven, das Wirtschaftsgeschehen zu betrachten, kein Verständnis aufbringen. Für ihn ist das Geld Ware und die Währung das Bestimmende. Er verfügt über mehr oder weniger zutreffende Denkmodelle, die alle vom Geld ausgehen und im Geld den Ausdruck allen Wirtschaftens sehen, von dem abzugehen unvorstellbar ist. Er hält sich an den imaginären, irrealen Wert des Goldes, denn ihm sind die Bankgeschäfte ein und alles. Doch es ist hoch an der Zeit, von den Jahrtausende alten Handelsvorstellungen abzugehen, denn mit ihnen ist es nicht möglich, die von einem hochindustrialisierten Wirtschaftskörper ausgehenden Impulse wahrzunehmen und zu erfassen. Der zu einem monolithischen Block auswachsende Wirtschaftskörper entwickelt Wesenszüge, die den Jahrtausende hindurch belebenden Handel unterlaufen.

Woher kommt denn nur das Geld, mit dem auf den Aktienmärkten gehandelt, auf den Erfolgreichen gesetzt wird? Kommt es von unten nach oben? Ein Exkurs. Nun einmal angenommen – ein Märchen – und es ist durchaus reizvoll, das Geschehen als ein solches zu erzählen. Es war einmal ein Saloon, harmlos sitzen sie beisammen, vergnügen sich beim Spiel. Wetten werden abgeschlossen, wer wohl unter den Wirtschaftstreibenden obenauf sein werde. Der eingesetzte Betrag, der Pot, wird auf dem Spieltisch, lediglich intern, hin und her zugeschoben, ein Nullsummenspiel. Eine spannende Unterhaltung wie die des Pokerns auch. Nun aber ergibt es sich, daß die im Rennen liegenden spitzkriegen, daß auf sie gesetzt wird, passen sich den Spielregeln an und pokern mit, erwarten sich nun ihrerseits Preisgelder, bzw. bieten Spielkarten an. Das Glöckchen ertönt in Form von Zuwendungen und schon speicheln sie dem Pawlow'schen Reflexen entsprechend hinterher. Dann die zwingende Wirkung ohne Ursache, die Ersatzhandlung, wie Konrad Lorenz an Hand seiner Gänse es beschreibt. Fixiert reagieren sie stereotyp, greifen nach dem Abbau ringsum. Abgeschlackt, gesundgeschrumpft liegen sie nun voll im Rennen. Anleger bringen ihr brachliegendes Geld ein. Nun aber ist es geschehen, das Getriebe setzt sich in Gang. Die Kapitalflut spült die letzten Reste mit sich. Das Märchen ist aus, an das so viele glaubten und glauben und – wenn sie nicht gestorben sind, leben sie noch heute.

Bei der Ermittlung einer Investition wird abgewogen, wie die Aufwendungen zu den Einsparungen stehen und wie lange es dauert, bis sie sich ausgleichen, amortisieren. Da die Einsparungen immer die der Löhne sind (alle Kosten sind Löhne), so setzt sich die Aufwendung (Investition = Sachkapital) plus Restlöhne (mit abnehmender Tendenz) mit den eingesparten Kosten (Löhne) gleich. Amortisation ist Kostengleichheit! Das eingesetzt Kapital stellt – als Konstante – sich souverän in ihr wieder her. Kapital verbraucht sich nicht, es besteht, eingebettet in ein ihm entsprechendes Denksystem, als Zentrum. Ab der Kostengleiche bis zum Ende der Nutzungszeit beginnt die Investition (das Kapital, obwohl es sich entzog), sich zu lohnen. Das Kapital – eine Vorstellung, ein Phantom. Daß es sich um ein solches innerhalb eines Denksystems handelt (Tanz um das goldene Kalb), läßt sich allein dadurch belegen, daß es die Investition erwirkt, ohne sich gegen sie auszutauschen, redlich bezahlt, sondern während der Amortisationsdauer ihr sich entzieht, die enteigneten Löhne begleichend (entgegenrechnend) vorschob. Ein systemtypischer Trick. Während in der Investitionskalkulation der entsprechende Lohn noch als fixer und aktiver Posten aufschien, dem einzusetzenden Kapital entgegengerechnet es aufhob, nimmt das Kapital, sobald das Getriebe sich in Gang setzt, in Form des im Stückpreis einkalkulierten Anteils, real, als Wiedergeburt, den mit Löhnen freigehaltenen Platz ein. Das Blatt Löhne wird aufgedeckt, mit dem des Kapitals abgedeckt. Das Spiel ist gemacht, das Blatt Kapital umgedreht, da schau her, das Kapital ist wieder da. Entsteigt phönix-gleich unbeeinträchtigt in seiner strahlenden Größe. Das Kapital, eine Religion, ein Glaube, Fetisch, gibt vor, Werte zu schaffen. Magie, der wir erliegen. Es verbraucht sich nicht, ein Zauber, der der Unsterblichkeit.

Die zelebrierte Kostenwahrheit, deren Ausgewogenheit, daß jeder Leistung eine ihr entsprechende entgegenzustellen sei, wird inkonsequent ausgeglichen, die Leistung in Form von Löhnen wird einfach einverleibt, ausgegrenzt, umgemünzt. Wer hätte das gedacht, mit den Löhnen werden die Investitionen zweimal beglichen! Einmal bei der Amortisation der Investition, dann beim Kaufen der Ware.
Der Vollständigkeit wegen, ist anzuführen, obwohl diese außerhalb der vorliegenden Betrachtung, der des Warenhandels liegen, daß nicht alle Investitionen unmittelbar lohnverzehrend sind. Ihre Amortisation kann sich über Generationen hinaus erstrecken (Großprojekte wie Brücken, Tunnelbau).

Die herkömmliche Sichtweise, daß die Investition sehr wohl redlich bezahlt werde, bleibt in der Öffentlichkeit unbestritten (Kapital, gefestigt wird lediglich ausgetauscht!). Aber ist es denn nicht überaus reizvoll, dieses Dogma in Frage zu stellen, es von einem anderen Standort aus zu betrachten? Bei der Darstellung der Kostengleiche drängt sich der vereinfachende Gedanke auf, wie wäre es, würde das Kapital aus dem Spiel gebracht, die Investition direkt mit den einzusparenden Löhnen finanziert? Das Arbeitslosengeld z. B. würde zurückfließen! Wie wäre es – eine Phantasie, aber anregende – wenn der Zuwachs an Kapital zurückgegeben würde, das verbleibende Kapital, nun als konstant, in dem gegebenen, der Vorstellung entsprechendem System nun nur mehr als anregende Fiktion, wie auch das Gold, fungierte? Ein Perpetuum mobile ergebe sich! Denn ohne dem Abkassieren von Arbeitskraft funktioniert das System nicht, das beweist der zweite Hauptsatz der Wärmelehre. Wärme ohne „Aufwendung von Arbeit" niemals von einem kälteren zu einem wärmeren Körper fließt. Die Investition von totem Kapital bedarf der Anwendung des zweiten Hauptsatzes der Wärmelehre, um zu fließen.

Ein Umbruch des folgewidrigen Wirtschaftsablaufes kündigt sich an. Möglich, daß, wie auch die Sklaverei nun nicht mehr als Fürsorge begriffen wird, dereinst die Lohnabhängigkeit, das sich Vermieten, ebenfalls der Vergangenheit angehört? Warten, warten!! Bis dahin wird vertröstet: *„Verdienen Sie einfach mehr, dann brauchen Sie sich keine Sorgen mehr zu machen“* (Berlusconi). *„Man kann es mit Balalaika-Spielen oder Lotto-Spielen versuchen“* (Franz Müntefering). Wer den Schaden hat, hat den Spott auch.

Nicht der Absatz, die Amortisation treibt die Wirtschaft voran. Eine Disharmonie, sie führt an Grenzen – auf der einen Seite die nicht inne haltende Ausweitung mit allen ihren Komplikationen, auf der anderen die an den Abgrund gelangenden Amortisationen.

Es läßt sich einwenden, daß die Investition immer schon, wenn auch mittelbar, im Austausch mit den sie erhaltenden Löhnen, auf Raten, aufgeteilt auf die Amortisationsfrist, konsumiert wurde. Das stimmt, aber nur durch einen Trick. An die Ware Arbeit angeheftet tauscht sie sich, mit dem erlangten Status Arbeit – dem Konsum jedoch entzogen – im Konsum, gegen bare Münze ein. Um das Manko auszugleichen hat sich die Menge der Produktion, in der Zeiteinheit, geringer darzustellen als die vorhergehende, um sich zuvorzukommen. Das Annähern der Amortisationsdauer an einen Nullpunkt (Geldumlaufdauer) bedeutet, daß die Zeit (Umsatz – Umlaufzeit) nun einmal nicht mehr ausreicht, zum anderen, der Preisvergleich sich annulliert, die Investition wieder zu dem wird, was sie war, zur unabdingbaren „Konsumation“. Das Verhängnis für das Kapital ist eben, daß die Nutzungszeit sich ständig verringert und es folgt zwangsweise, daß entweder der im Stückpreis enthaltenen Investitionsanteil, auf Kosten der Löhne, oder die produzierte Menge, entsprechend steigt. Die Produktivität ist immer ein Abbau von Kosten. Die Verminderung kann sich aus einem Senken der Kosten direkt ergeben, als auch aus einem Mehr pro Zeiteinheit bei gleichbleibenden Kosten, was letztlich auf das Gleiche hinausläuft. In beiden Fällen werden die Kosten über die aufgewendete Zeit verringert. Vorgegebene Zeit x Geldfaktor = Lohn (Kosten). Dem läßt sich in Billiglohnländer ausweichen, in denen die Niedriglöhne die aufgewendete Zeit bei weitem überwiegen. In der Regel scheint der Kostenabbau bevorzugt. Und mit gutem Grund, denn bei einem Personalabbau steigt das Ansehen der Firma, mit im der Börsenkurs und die Verbleibenden werden gefügig. Und das Mehr? Erst, wenn das „Mehr" konsumiert wird, bleibt die Wirtschaft im Gang. Rein schematisch, stark vergröbert, müssen die noch im Arbeitsprozeß Stehenden (bei voller Automation nur mehr die Erzeuger der Investition) die Mehrproduktion „aufbrauchen". Die Produkte sind in einer kürzeren Zeit zu verschleißen (Wegwerf-, Verschwendergesellschaft).

Geld, daran gedeiht die Wirtschaft und nicht nur sie. Befreit vom Güte verzerrenden Protektionismus, erneuert sie sich fortwährend von sich aus, entspricht im Wirken und Sein den Bedürfnissen schlechthin. Ein fairer Wettbewerb macht innovativ und stark.

Das freie Spiel der Kräfte, es rivalisiert sich bis letztlich es sich aufhebt, ein konzentrierter Sieger (Kartell) feststeht. Die Löhne, dem Zickzackkurs der Standorte ausgesetzt, konkurrieren sich bis zur Nullgrenze hin aus. Was bleibt dem übrig gebliebenen Sieger?

Bischof Erwin Kräutler schreibt: *„Die Kinder der Armen brauchen nichts lernen. Sie sollen früh ans Arbeiten gewöhnt werden! Und natürlich* (bemerkt er bitter*), damit die phantastischen Gewinne – der Großgrundbesitzer – steigen".*

Auf den Knien beten sie das Wirtschaftswachstum herbei und wir alle beten in gläubiger Inbrunst hinterher, jagen der Chimäre der „Sozialpartnerschaft" weiter nach. Kapitalismus kann ohne Wachstum nicht überleben. Das kann sehr wohl ein ausbauendes, einer Nachfrage nachkommendes, Arbeitsplatz schaffendes sein, das aber dann, schmarotzend, willkommen der Kostensenkung unterliegt. Kapitalismus – Konkurrenz, ein gegeneinander, ein Ausstechen.

Krieg ist der Wirtschaftsentwicklung logische Folge mit anderen Mitteln. So absurd das auch sein mag, ein anderer Weg ergibt sich nicht. Wie ein solcher, fidel, mit großem Beifall sich anzetteln läßt, zeigt die jüngste Erfahrung.

Es ist nicht zu begreifen, oder doch? Wieso bringt die Rüstung und der sich ergebende Krieg die Wirtschaft in Schwung, wie ein Bankdirektor und ein sich anschließender Wirtschaftsminister meinen, nicht aber die Versorgung der Bevölkerung? Wenn auch, wie einmal schon zusammengerechnet, was denn da alles in den Kriegen verpulvert wurde und wird (der Toten nicht gedacht!), kein Mensch auf Erden müßte mehr hungern, so widerspräche das dem üblich gewohnten, eingefleischten Wirtschaftsgeschehen. Wer denn fände sich in ihm zuständig? Die Herrschaft stünde sich in Frage.

Die Arbeit hat ihren Preis. Sie muß angefüttert werden, um sie zu angeln. Feilgeboten, ist sie mit Subventionen zu bezahlen. Die Löhne müssen zur Hälfte von der Gemeinschaft abgegolten werden. Aber gab es dieses Zubrot, diese Bestechung, den Tribut denn nicht immer schon? Was wurde denn nicht alles gegen verstaatlichte (gemeinnützige) Betriebe, deren Subventionen, vorgebracht? Jetzt ist es Regierungsprogramm: Die Wirtschaft ist zu fördern und die verstaatlichten Betriebe werden ihr wohlfeil überlassen. (Zu welchem Preis! Nicht nur der Verkaufspreis ist angesprochen!) Wie wurde denn gegen die „Mißwirtschaft" gewettert, die freie Wirtschaft – deren Selbsterhaltung – gepriesen? Und jetzt – was geschieht jetzt in der der Freiheit überlassenen „freien" Wirtschaft? Schreckensstarr, vereinnahmt, sind sie verstummt, beeilen sich, Tribut zu zollen, um, um jeden Preis die „freie" Wirtschaft in Gang zu halten.

Beschämend das ignorante, opportunistische Verhalten der Politiker. Freischichten werden angeboten, die Forderung unterstützt, bei ungekürztem Lohn mehr zu arbeiten. Wie widersinnig, und doch auch wieder, ungewollt offenbarend, worum es geht, wo doch die Arbeitslosen-„Rate" gleichzeitig steigt. Ob sie sich noch an den Spott über den verordneten „Subbotniks" in der ehemaligen SU erinnern? Rückzug, wenn auch nur in die Kritik, wagt keiner mehr. Die Regierung dienert sich der freien Wirtschaft an, prostituiert sich, um nur ja bestiegen zu werden, klammert sich verzweifelt an die eine Lösung aller daraus sich ergebener Probleme, jener der im Endlosen sich verlierenden Produktivität. Mittendrin bleibt nichts anderes, als mit zu tanzen. Die Gemeinschaft übernimmt alle anfallenden Kosten – und was Kosten sind, das bestimmt die befreite Wirtschaft.

Was nützte es, würden den Fürsprechern ihre Sprüche vor Augen gehalten? Die einsichtsvollen, sensiblen unter ihnen (wenn es sie gibt) würden ihren Job niederlegen oder psychisch erkranken – und die anderen?

Demokratie bietet dem Kapital (Neoliberalismus) die Möglichkeit, in deren Freiheit und Recht, die Warengesellschaft sich unterwerfend, sich zu entfalten. Die „freie" Wirtschaft bedarf der Demokratie, stellt sie doch den Anspruch, international frei sich zu bewegen, verkehrt sie in eine *„von oben nach unten"* (Noam Chomsky), emanzipiert sich in der Globalisierung. Periodisch zum Wahlgang aufgerufen, kann das Volk wählen (zustimmen) zwischen Repräsentanten des gleichen Vorhabens in einer von der Wirtschaft umschlossenen Manege. Ihr Stimmzettel ein Blankoscheck. Innerhalb der Banden, die Gewählten agieren, sich darbieten. Jene, die das Geschehen bestimmen, stellen sich nicht zur Schau, die kennt man nicht. Faschismus, nicht lichtscheu gibt sich hingegen direkt, unmaskiert. Ein Economist-Autor schreibt: *„Die praktische Politik sei von der Politik der öffentlichen Sphäre isoliert"*. Er meint, was immer auch die Politiker sagen, bestimmt wird anderswo. Die der Gesetzgebung nicht unterliegende unternehmerische Tätigkeit, die der Trusts, der Megakonzerne, der Monopole. Sie wirtschaften, völlig frei, ungebunden, unkontrolliert, unangreifbar, nicht rechenschaftspflichtig, exterritorial nach ihren Bedürfnissen. Den Regierungen bleibt überlassen, deren Entscheidungen nachzukommen. Die den Konzernen in privater Hand zur Verfügung stehenden Mittel übersteigen bei weitem die eines Staates. Dem Wähler stellt sich allein die Regierung, nicht die Konzerne, und so bleibt ihm, wenn auch unzureichend, nur seinen Wahlzettel in die Urne zu stecken und zu hoffen, daß es etwas bringt. Demonstrationen werden immer von „oben" als undemokratisch, gewalttätig, in das Chaos führend, verleumdet; werden sie jedoch von „oben", von der bestehenden Macht durchgeführt, sind sie unangreifbar, und werden als die besten dargestellt. Das Parlament dient nicht nur als Feigenblatt, sondern die Parteien arbeiten ihm, dem Kapital, als Sozius zu. Was sollten sie sonst tun?

Zwei Familienfotos mit ausgetauschten Herren. Am ersten zur Rechten des Regierungschefs ein internationaler Industriemagnat – er kauft und verkauft Fabriken, treibt Handel wie mit Knöpfen (Sklavenhandel en bloc). Am zweitem – ein Jahr später, die Regierung wurde umgebildet – zur Rechten des internationalen Industriekapitäns der ehemalige Regierungschef. Zwei Bilder – ob es nur an einer schrägen Optik liegt? Beim Magnaten finden sich dann, welcher Couleur auch immer, alle zusammen. Wer hat nun das Sagen? Kann das nicht auch bedeuten, daß sozialistische Ideen – so wie auch der Pazifismus – nur der Opposition vorbehalten bleiben, dort, wo keine *„Macht korrumpiert?“* (Lord Acton).

Allen Regierungen dieser Welt innewohnt mehr als nur die Ausübung von Macht, Macht die verleitet, neigen sie doch alle, wie jede Machtkonzentration, zu Gewalt. *„Regierung ist nicht Vernunft, nicht Beredsamkeit, – sondern Gewalt“* George Washington. Die Macht allein kann es nicht sein – da muß es noch etwas geben, das auf die Beteiligten gleichermaßen einwirkt, eine Webe liegt verbindend über ihnen. Lernprozesse, so wie es heißt, sind ein an das sich Anpassen. Dem ist nachzugehen, aus der Sicht eines Untertans.

Ein Exkurs, aufmüpfig, aus einem bestimmten Gesichtswinkel weltweite Konvention zur Schau stellend. Regierungen sind Unternehmungen, Firmen mit Eigenleben, mit Absichten, wie jede andere auch, in weltweiter Übereinstimmung. Von Firmen umgeben färbt deren Gebaren ab, werden intus, intuitiv bestimmen sie, im Verband, ihr Verhalten mit. Weithin sichtbar tragen sie, werbend, ihr Firmenschild vor sich her. Mit dem Eintritt in das Gewebe – das einer Geschäftsordnung – wird angepaßt, konform gehandelt. Nur so kann das Getriebe funktionieren. Gehört nun einer weltweiten Loge an, der einer führenden Schicht, die, dem Grunde nach, dann auch nach außen hin (dem Nicht-Teilhabenden) gemeinsam gefestigt anerkannt wird. Die erwiesene Ehre und erwartete Würdigung ihrer Autorität, die des Verbeugens und Verpflichtetseins – eine beanspruchte Insignie – macht sie glauben, anders, eine unantastbare Kaste zu sein, die sich um jeden Preis zu erhalten trachtet. Zweifel – Kritik – eine Anmaßung.
Ihr Werbeslogan, „Demokratie“, erschöpft sich, in einer Personalrochade. Integriert, fühlen sich selbst gegnerische Parteien, in der ihren „Firma“ als Arbeitsplatz, vereint. So gegensätzlich (wenn überhaupt?) mit ihren politischen Ansichten sie auch erscheinen mögen (Gegensätze werden nur in der Öffentlichkeit suggeriert), ihr Agieren unterscheidet sich nicht, eingegrenzt in einer Akzeptanz, von der des gemeinsamen Handwerks in ein und derselben Firma. Der Pazifist, in der Regierung angekommen, – selbst wäre er kein Karrierist (der aber wäre nicht dort) – steht vor der Wahl, das Geschehen, so wie es ist, zu akzeptieren,

sich einzuordnen oder sich zu verweigern. Der zugespielte Ball wird selbstvergessen, im Reflex aufgefangen und wird, wie erwartet, weitergegeben, und ist somit im Spiel. Das Spiel läuft ab. Die Gegenwart diktiert und nicht die Zukunft. Einsichtig wird die Zukunft (Ideale) abgelegt, hat sich integriert, gehört nun dazu. Geschäftskonform ergibt sich ein Einsehen (Verständnis) aus einer Solidarität der gemeinsamen Aufgabe, der des Regierens, der des Durchsetzens einer Absicht, die nicht mehr ihre ursprüngliche ist. Das läßt sich, wo auch immer, pink eingefärbt, gleichermaßen feststellen, und – wenn man so will – auch durchaus begründen. Vor allem mit dem drohenden Hinweis auf ein Chaos (Anarchie). Und so siechen die Pflänzchen „Ideen" (Pazifismus, Demokratie, u. a.), in den Keller verbannt, kümmerlich dahin, mit gutem Grund: die Gegenwart nicht eine Zukunft diktiert. Die Gewerke der Regierungen funktionieren so und dem Grunde nach alle gleich, sie regieren und reagieren und das vereint weltumspannend. Sie erwarten demnach Gefolgschaft.
Vereint in einer exklusiven Gemeinschaft, dem Establishment, ergibt sich Loyalität, ein Verständnis in einer gemeinsam ausgeübten Profession und es findet sich in der Kollegialität in einer, letzten Endes durchzusetzenden Absicht – ihr Metier. Und so konnte es auch nicht ausbleiben, eine nur ihnen zugängliche Ausdrucksweise (Fachsprache) etabliert sich, so sind sie unter sich. Das Leiten und Gängeln, das Dirigieren (Unwissender!) und Kontrollieren bleibt nicht wirkungslos, läßt sie „sendungsbewußt" werden. Ausersehen als zentrale Figur, um die das Gestirn, das der Öffentlichkeit, zu kreisen hat, vereint als Geheimnisträger einer Staatsräson. Sie verstehen sich als Staat und nicht als Sozialgemeinschaft. Abgehoben, in diplomatischen Kreisen aufgenommen, der Öffentlichkeit abgerückt, finden sie sich in staatsmännischen Logen zusammen. Und es geschieht, aufgenommen in den elitären Kreis, magisch, nicht wahrgenommen, daß die ursprüngliche Absicht und Überzeugung sich wandelt. Sie alle sind kollektiv nun einmal damit beschäftigt, eine Ordnung, zum Selbstschutz zu errichten und Macht voll aufrecht zu erhalten, die zweifellos Respekt und Entgegenkommen erwarten läßt. Eine wahrlich „majestätische" Disziplin, die Abstand halten läßt, adelt, – und sie wiegen sich darin. Was aber ist nun Ordnung? Ordnung ist ein erdachtes, zweckmäßiges

System, das bestimmten Ansichten und Absichten nachkommt. Dem hat man sich unterzuordnen und sie erwehren sich der Anfechtungen der ihrer Interessen, die sie denen des Staates gleichsetzen. Erwarten erwiesene Ehre und Würdigung ihrer Autorität, die des Verbeugens und Verpflichtetseins macht sie glaubend, anders, eine unantastbare, Kaste zu sein, die sich um jeden Preis, zum Wohle aller, zu erhalten trachtet. Zweifel, Kritik, Belangen – eine Anmaßung, Landesverrat. Setzen sich mit dem Land, dem Volk gleich, bestimmen, wer Patriot ist. Verkörpern den Staat, der der ihre ist. Ein Infragestellen der Regierungen als solche führt zur gewaltsamen Abwehr.
Sind diese Überlegungen, neben der gültigen Realpolitik, denn nicht lächerlich? Erfüllen sie aber denn nicht auch, im Hinterfragen, eine unerläßliche Aufgabe? Ist das Geschilderte denn nicht durch den hundertfach zu beobachtenden Wandel, dem Ablegen der Ansichten, der aufgerückten Personen, bewiesen? Es ist nicht anzunehmen, daß sie vordem von den ihren Ideen nicht überzeugt waren, es ist ihnen aber auch nachher, in ihrem Eifer, nicht anzusehen, daß ihnen die Wende bewußt wäre.
Der Kampf gegen Obrigkeit und Macht, wie immer die sich darstellen, ist nicht zu gewinnen, gesellschaftliche Schichtung ist vorgegeben, was bleibt, unermüdlich sich ihrer zu erwehren, denn, selbst in dem bilden sie sich wieder.

Die Demokratie, wie wir sie erleben, ist eine Pattstellung, sie erfüllt sich nicht nur in den untereinander sich beschäftigenden Parteien, sie ist deren Plattform. Das Volk, in Parteien zergliedert, kommt den wahren, im Hintergrund agierenden Machthabern gelegen. Sie, die demokratisch gewählte Regierung, wird zur Schau gestellt, die wahren Machthaber, nehmen sich zurück, wachend über ein ihnen zugute kommendes System, verhalten sich bedeckt. Den agierenden Drahtziehern liegt daran, unerkannt zu bleiben. Das Volk zu einem legitimierenden Urnengang anzuhalten, befriedet, ist weitaus wirkungsvoller als jegliche Diktatur. Das bedeutet nun nicht, der Diktatur das Wort zu reden, im Gegenteil. Demokratie darf sich nicht in einem periodischen Wahlgang erschöpfen, es wäre an der Zeit, daß sie sich, ihrer bewußt, übergreift auf die viel gepriesene frei wuchernde (diktatorische) Wirtschaft.

Das herbeigebetete Wachstum der Wirtschaft bringt den Entwicklungsländern wenig oder gar nichts (die werden immer ärmer) und den „Reichen" 35 Mill. Arbeitslose mindestens – ein Aufatmen, wenn es nicht mehr werden. Nochmals, *„Eine Verdoppelung des Wachstums bedeutet weltweit eine Vervierfachung vom weltweiten Handel und Verkehr. Der Verkehr zu Lande, zu Wasser und Luft ist zentraler Faktor der Zerstörung von Umwelt und Atmosphäre."* (Horst Afheldt).

Es ist faszinierend, wie die Infektion um sich greift, die verschiedensten Erscheinungsbilder hervorbringt, ihre Verflechtungen zu beobachten und Therapien zu entwickeln. Die Behandlung beschränkt sich auf die Symptome, die Ursache bleibt unbeachtet. Sicherlich, was bleibt sonst denn auch zu tun? Ein Weltuntergang, der ist vorstellbar, nicht aber eine Veränderung der kapitalistisch bestimmten Wirtschaft.

Der britische Sozialwissenschafter Deakin vermutet, daß *„ein Umbruch der Werte, eine Umwertung der gesellschaftlichen Werte (sozialkulturelle Problematik – Wirtschaftspolitik gegen Sozialpolitik) vor sich geht".* Es stellt sich nun die Frage, wo nun ist die Ursache, wo die Wirkung? Ist es die Wirtschaft, welche die Umwertung vorantreibt oder die Umwertung die Wirtschaftspolitik?

Bei allen sozialen Umbrüchen wird immer darauf hingewiesen, daß es wirtschaftliche Entwicklungen seien, die wirkend dahinter stehen. Sie entsprechen ihrer spezifisch eigenen Gesetzmäßigkeit, eben der, sich rational weiter zu entwickeln. Somit ist das Kapital aus dem Schneider, es nur flugs und frei den Gegebenheiten nachkommt, es sie realisieren muß zum Nutzen aller. Anderes ist nicht mehr denkbar, ein moralisches Defizit.

Jakob Maurer, Ordinarius der Technischen Hochschule in Zürich, schreibt: *„in Westeuropa hat sich der Personenverkehr zwischen 1970 und 1993 annähernd verdoppelt – von 2100 Milliarden Personen-Kilometern auf 4000 Milliarden. Der Güterverkehr entwickelte sich ähnlich. China ist davon nicht ausgenommen."* Ein globaler Stau (Stillstand) steht bevor – wenn nicht, so bleibt uns immer noch der Segen von CO_2.

Findig wird der Arbeiter an die Brust genommen, ihn an dem Erfolg der Firma an der Börse teilhaben lassend. Er wird zum Mitaktionär „erhoben", mit der Blechmarke wie gehabt in grauer „proletarischer"

Vorzeit, die wieder nur bei dem angeschlossenen Laden einzulösen war, und grenzt damit sich selber aus! Wenn er sich wegrationalisiert, steigt seine Aktie! Glücksspiele und so auch Börsenspekulationen waren einst verpönt (siehe Fußnote 7 auf Seite 71!).

Konsum als Ursache, seine Befriedigung als Wirkung menschlicher Arbeit begriffen, bildet eine abhängige, unumstößliche lebendige Einheit, ein „Gen". Das, in dieses Verhältnis sich hineindrängende Medium Geld, es spaltend, zieht seinen Wert daraus. Dieser Wert geht, wie die Investitionskalkulation deutlich macht, auf das Kapital, sich erhaltend, auf Sachkapital (Investition) auf Zeit, über. Sachkapitalien als solche konkurrieren sich daher nicht aus. Unternehmen konkurrieren, dem System entsprechend, nicht aber das Kapital, es besteht. Es bedarf der Übernahme (Einverleibung) wertsichernder (wertschöpfender) menschlicher Arbeitskraft, deren Streben nach Konsum – ansonsten bleibt es bei einem Nullsummenspiel. Wird nun die Automation, der Einsatz von Kapital in Sachkapital sich erschöpft, zu Ende gedacht, dann ist das Nullsummenspiel der Industrialisierung perfekt.

Nach Adam Smith (1723–1790): *„Selbst eine Welt von Teufeln (Eigennutz), sofern Freihandel besteht, er Gutes, ja das Gemeinwohl schafft"*. Das wurde vor 250 Jahren geschrieben. Zu jener Zeit begann der Handel zu blühen. England, führende Seemacht, stand konkurrierend Spanien gegenüber. Der Hinweis auf einen fördernden Freihandel bezog sich, unter anderem, auf klimatisch bedingte, agrarische Verhältnisse. Schutzzölle behindern nicht nur den Handel, – die sich ergebende Devise – sie hindern die Entwicklung konkurrierender, sich entfaltender Wirtschaft. Freihandel in der Landwirtschaft und nicht nur in ihr, aber bedeutet Vernichtung regionaler Ernährungssicherheit.

Der Leitspruch hat sich nicht nur erhalten, hoch gehalten (von wem?) erfüllt er sich nun unheilvoll, „Die Teufel sind losgelassen", in anderen Gegebenheiten, in der Globalisierung. Das Kapital als solches, das es damals nicht gab, ist dem Freihandel entzogen, unterliegt der viel gepriesenen Konkurrenz nicht, es verbraucht sich nicht nur nicht, es sammelt sich, wächst. Das Kapital fungiert nicht als Ware. Wenn etwa nun an die Börse gedacht wird, daß die Aktie eine Ware wäre, so ist darauf hinzuweisen, daß sie wohl verkauft, aber das Geld nicht verbraucht wird. Wenn sie auch an Wert verliert, so bedeutet das nur, dass dessen Wert woanders hin überging. An den Finanzströmen wird, sich erhaltend, spekulativ getauscht, zehrend an den ins Spiel gebrachten, sich konkurrierenden Waren (Löhne). Die Struktur der Ware, als solche, hat sich grundsätzlich geändert. Der Faktor – Zeit, angeknüpft die Arbeit, hat durch den ihr zukommenden Wert, an Substanz gewonnen und konkurriert, dem Freihandel entsprechend, sich aus. Plakativ: Lohn + Zeit = Kosten (mathematisch korrekt, Lohn pro Zeiteinheit mal Zeit = Kosten). Die in Rechnung gestellten Faktoren lassen sich vorteilhaft gegeneinander austauschen. An das aber konnte Adam Smith nicht denken, es gab den industriellen Kapitalismus nicht. Das Kapital, ein sich heraus gebildetes, die Wirtschaft tragendes System mit Tendenz, zu dem sich die verschiedenen Parteien, zuarbeitend bekennen. Es selbst hat kein politisches Kriterium, es ist eben da, erliegt der Beurteilung.

Schließen wir bei der Betrachtung einmal die Lohnkosten aus, um zu sehen, wie es dann läuft. Nun konkurrieren sich, die allein gebliebenen Sachkapitalien (Investitionen) aus. Sei es nun austricksend oder die technische Entwicklung aufgreifend. An Stelle der eingesparten Lohnkosten tritt, in der Investitionskalkulation, die zu überholende, gegnerische Investition. Die überholende unterscheidet sich von der überholten dadurch, daß die Verbilligung sich ausschließlich aus der kürzeren Zeit (Produktivität) ergibt und nicht direkt von eingesparten Lohnkosten abgedeckt wird. So läuft es auf ein Nullsummenspiel hinaus, nun einmal abgesehen von den noch nicht versiegten Gewinnen aus dem Warenpreis. Die Amortisation von Sachkapital in Immobilien, etwaige Lohnkosten nun einmal außer Acht lassend, ergibt sich aus steuerlicher Abschreibung (Einsparung von Abgaben) und einer Spekulation auf Sicht, auf eingebrachten Zins, Rendite. Von woher wird denn die gespeist? Ein dem Kapital eigenes Verlangen. Nur wenn etwas (alle Kosten, laufende Kosten, sind Löhne, im Material, in der Energie, usf.), einen Preis hat, ist daran zu verdienen, nicht z. B. an der Sonnenenergie. Um sie zum Gebrauch umzuwandeln bedarf es eines Kollektors. Der Aufwand an Energie, um Energie zu erzeugen muß sich geringer erweisen als die gewonnene (Energiehaushalt). Erst das, was über die Aussaat hinausgeht, ist von Nutzen. Die Investitionskalkulation gestaltet sich demnach als

eine Gegenüberstellung von der aufzuwendenden Energie zu der zu erwartenden. Keine Kostenbegriffe werden gegenübergestellt, wertfrei wird verglichen. Darf von dieser Darstellung und dem notwendig werdenden Verwalten der Ressourcen, auf ein Umdenken, auf eine auf anderen Daten basierende Investitionskalkulation, geschlossen werden? Erscheint sie glaubwürdig?
Wenn auch, die Habgier läßt sich nicht unterkriegen, wird sie denn nicht auch hier ihre Wege finden?

Menschliche Arbeit erst macht aus Materie Ware und sie ist somit die, die mehr Wert macht, als sie selbst hat. Oder – nur das sich Verbrauchende, welches ersetzt werden muß, kostet etwas. Menschliche Arbeitskraft vergeht (in der Zeit), nicht so das Kapital, auch nicht das Sachkapital – ein Konkurs geht Macht stärkend auf das Konkurrenzkapital über. Eine Fehlspekulation definiert den „Kapitalverlust" – Achtung! – über den eingebrachten Gewinn. Die freie Wirtschaft lebt im Wachstumszwang, sie sucht – der Entwertung – zu entkommen. Der freie Markt (Konkurrenz) treibt den Vorgang voran. Es bedarf der menschlichen Arbeitskraft als natürliche, sich erneuernde Ressource, um daran zu zehren. Erst aus der Reaktion des gespaltenen Kerns menschlicher Arbeitskraft (Rivalität)– und nur aus dieser – läßt sich, durch deren Zusammenführung (Fusion), Nutzen ziehen.

Dem Stoffwechsel nachzukommen ist Arbeit, menschliche Arbeit – sie hält ihn in Gang. Eine in sich geschlossene Einheit, gespalten durch den Preis. Kapital, geronnene Arbeitskraft, kann von sich aus sich nicht vermehren. Das Eingeheimste läßt sich nur umschaufeln, zum Anhäufen bedarf es des Stoffwechsels, dem der Löhne. Die Investitionskalkulation macht es deutlich, es tauscht sich gegen sie aus. Der Stoffwechsel bedarf weniger, um sich in Gang zu halten, als menschliche Arbeitskraft zustande bringt. Der „Überschuß", in Nahrung (Brot) ausgedrückt, veranschaulicht diesen Wert, ernährt den Eigner mit und kann darüber verfügen, ihn veräußern. Der Preisaufschlag auf die Produkte eines Sachkapitals (ohne Arbeitskraft vor und nachher) bringt hingegen keinen tragenden „Überschuß", abgesehen nun einmal vom Verkauf, der an den Kreislauf gebunden ist. Der Verkauf von Kapital, zu welchem

Preis auch immer, bleibt bar von „Überschuß“ und ist dynamisch tot, dem Stoffwechsel entzogen. Er allein pulsiert.

Wodurch ein Ackergaul von menschlicher Arbeitskraft sich unterscheidet? Er läßt sich nur bedingt schinden, denn wenn er verreckt, seine Wiederbeschaffung ins Geld geht – der Knecht hingegen kostenlos heranwächst und sich ersetzt. Und der Preisaufschlag auf die Fuhre, wenn an den gedacht wird, bringt keinen ungebundenen Wert, er wechselt sich aus. Das Geld fließt von unten nach oben und bleibt oben! 35 Millionen Arbeitslose in Europa bringen der Wirtschaft in angenommenen 20 Jahren, bei einer durchschnittlichen Amortisationsdauer von 5 Jahren (inkl. Lohnnebenkosten = Lohnbestandteil) steuerfrei ca. 84 Billionen ATS an Ersparnis ein. Der Lohn der nun Arbeitslosen wurde ihr Verhängnis, ihr Hinauswurf mit ihm finanziert, das Kapital, imaginär, ihm entgegen gerechnet. Na und, was soll's? Die Preise wurden gesenkt (über ihr Einkommen)! Um den Einwand vorweg zu nehmen, daß die Arbeitslosen nicht unbedingt nur auf Rationalisierungen zurückzuführen seien, wie die Darstellung vorzutäuschen scheint, sei daran erinnert, daß wir auf eine 20:80-Gesellschaft zusteuern. Geld zur Zeit seines Aufkommens, als den Tausch bewertendes Medium, nur in Form eines allseits begehrten Metalls denkbar, nimmt letztlich den Wert des zur Einwechslung Gebotenen an. Aus Tauschobjekten wurde ausgepreiste Ware. Damit aber wurde ein Keim gesetzt, der aufgehen wird. Der Käufer veranlaßt durch den Kauf den Verkäufer zum Nachschub von Gütern. Es vollzieht sich ein in sich gekoppelter Vorgang. In der Betrachtung bleiben Schwankungen von Nachfrage und Angebot außer acht, das Augenmerk richtet sich ausschließlich nun einmal nur auf die Wechselbeziehung von Geld und Ware. Und sie tauschen sich aus. Seine wunderbare Eigenschaft jedoch, es läßt sich horten wie keine andere Ware und wird so dem Wirtschaftskreislauf entzogen. Geld läßt sich als Ware langfristig anbieten und mit Vorteil gegen Geld einwechseln. Mit dem biblischen Zinswucher ist es belegt. Geld war zur Ware mutiert. Arbeit verlor sich. Das Papiergeld, in einer gelungenen finanztechnischen Transaktion kreiert[17], manifestiert

17 1718 stellte sich in Frankreich die Staatsmacht als Garant dahinter und erzwang dessen Annahme.

sich, gedeckt von Handelsware (Eigentum), in wechselndem Wert gewinnbringender Wechselkurse. Die Mehrung des Goldes blieb hinter dem wachsenden Bedarf an Geldmittel zurück und an seine Stelle, zur Deckung des Geldes, rückte die Handelsware auf. Gleichzeitig geriet die Arbeit unter Druck. Im Jahrhundert der Technisierung, der fordistischen arbeitsteiligen Industrialisierung, der entwerteten Arbeitskraft (Qualifikations-Abbau) potenzierte sich der Zustand. Das Einkommen, losgelöst von dem Produkt – das Kapital – schiebt sich dazwischen und führt sie profitabel zusammen.

Erwartungsvoll spähten sie der Technisierung entgegen, wie einst die Indianer den am Horizont auftauchenden Götterbarken.

Das Kapital, emanzipiert, abgehoben, den sich bietenden Möglichkeiten zugetan, erfüllt sich im Computerzeitalter in globalen Transaktionen, weg vom Arbeitsmarkt, blitzschnell. Das nach Umsatz drängende Geld läßt sich nur mehr noch global in Geld gewinnbringend anlegen, seinem narzißtischen Drang nachkommend. Die Betonung hat sich verlagert, sie liegt nun nicht mehr darin (woran man sich noch erinnert), daß die Broker, Kuponschneider sich eines parasitären Einkommens erfreuen, sie liegt bei den monströs angewachsenen Geldströmen, die, in einem sich bildenden Ghetto von Summen, nur mehr in Summen als gespeicherte Zahlen zu agieren vermögen. Sie fungieren als Guthaben, Anteile, Order, Rechte. Wer kann – wer wird denn noch backe, backe, Brötchen backen? Finanzmärkte haben die vier – oder fünffachen Wachstumsraten der Sachkapitalmärkte. Das Kapital verflüssigt sich in Geld. Geld wird gegen Geld verkauft, bargeldlos, imaginär, gedeckt nur mehr vom Geld, blutleer, dem noch die Nachgeburt anhängt; der Arbeitsmarkt – er nur noch als manipulierbares Alibi – unbezahlter Schattenarbeit dient. Es bedarf der Arbeit nicht mehr. Aktienkurse steigen entsprechend dem Rückgang der Zahl der Arbeitskräfte. Es wird damit gerechnet, daß durch Gesundschrumpfen (Rationalisierung) die Löhne weiter sinken (Angebot und Nachfrage), die Inflation und der Gewinn zunehmen. Eine Metamorphose vollzieht sich – wenn das kein Fort-Schritt ist! Ist das denn etwa zynisch? Oder ist die Beschreibung des Szenarios ein nur aufgetischtes Märchen? Oder trifft es zu, daß der Umfang des Geldhandels um ein Vielfaches den Umfang des weltweiten Warenhandels übertrifft? Nach gewinnbringender Anlage drängt und in ihm nicht mehr anlegbar ist? *„Ein ganzer Kreislauf, bei dem man kauft und verkauft, was nicht existiert."* (Viviane Forrester). Wie kommt es, daß diese immensen Geldsummen, die da herumschwirren, zu keiner Wirtschaftskrise führen? Überschüssiges Kapital kann vorübergehend, sich festigend, in Pyramiden oder Prachtbauten angelegt werden, was sich auf die reale Wirtschaft nachfragend auswirkt. Es abgehoben vom Warenhandel (von ihm initiiert, Namen gebend) numerisch in einem exclusiven „Spielkasino sich vermehrt (beim Schnapsen sind es Stricherln auf einem Papierl oder hin und her geschobene Bohnen), bleibt es ein dräuendes Gewölk am Horizont, mit einem hin und wieder niederfahrenden Blitz. Gewitter zieht hoch. Virtuelles, fiktives Geld als Gewinn verbucht, auf dem Warenmarkt eingesetzt, verzerrt die reale Ökonomie verheerend. Mit dem Hinweis soll nun nicht etwa nur auf einen „entarteten" Kapitalismus hingewiesen werden, sondern, wie er seiner Struktur und Mechanik nach sich entwickelt. Es bildet sich eine Oberhoheit, die der multilateralen Investoren (WTO, MAI-Abkommen), der sich die nationalen Staaten unterordnen. Eine Rechtshoheit, die jegliche Behinderung, Minderung oder was auch immer, als Rechtsbruch am freien, unbehinderten Wettbewerb einklagt, nimmt die Staaten in die Pflicht. Man kann, und das geschieht, die Absicht mit einer Selbstregulierung des freien Marktes begründen und anstreben, mit Sicherheit aber geht das nicht auf Kosten der Betreiber. Hirngespinste oder folgerichtige Entwicklung? *„Und es läßt sich hinzufügen – und damit ist noch nicht alles gesagt: Über die Senderfrequenzen verfügen die Regierungen, die sie in Lizenzen auf befristete Dauer vergeben. Nun taucht wieder der Vorschlag auf, sie als Privateigentum in Beschlag zu nehmen, denn das Zögern und das endlose Verschleppen bei deren Zuteilung wirke innovationshemmend und untergrabe den Unternehmergeist!"* (Jeremy Rifkin).

Was drängt sich denn da auf – in der Zeit der Globalisierung – eine längst überlebte und in Verruf geratene Agitation: *„Proletarier aller Länder vereinigt euch!"* Es ist das die Strategie der Proleten, als sie dem Lohndruck ausgesetzt den Kollektivvertrag erstritten. In Seattle taucht der Aufruf verschämt abgewandelt, aus der Versenkung notgedrungen, wieder auf:

„Arbeiter der Welt vereinigt euch gegen die WTO“[18] Die traditionellen sozialistischen Parteien, auch die Gewerkschaften agieren nur mehr noch, vereinnahmt, innerhalb des Neoliberalismus. Wagen nicht, auch nur mit einem Wort, sich zu verweigern. Als „staatstragende“ Parteien suchen sie sich mit dem Turbokapitalismus zu arrangieren, der die staatlichen Grenzen längst überschritt, nationale Kriege entsprechend, in Polizeiaktionen gegen böse Mächte umwandelt, Botmäßigkeit einfordernd. Alexander Kluge schreibt: *„Schwierig ist es nicht, einen Krieg auszulösen, schwierig ist es, einen Feind zu finden“.* Weltgeist Superstar schreibt: *„Das Geld ist die effektivste Geheimpolizei, weil es selbst nicht durch sich bestochen werden kann …“*

Obwohl die Produktionsmittel, die Maschinen, die Automaten nach wie vor bestimmen, wie weit der Produzent, der Arbeiter also, noch mit dabei sein kann, so scheint das doch kein Problem mehr zu sein. Selbst auch dann nicht, wenn computergesteuerte Produktionsmittel die Lage verschärfen. Dem Subjekt, welches das Objekt schuf, wurde die Bestimmung darüber genommen, d. h. es hatte sie nie. Die Finanziers galoppieren, die Zügel fest in der Faust, als Reiter auf einem Kamel. Ohne das Zügeln der Geldmacher geht es eben nicht. Freilich gibt es auch unqualifizierte Auslegungen, daß das Kamel den Reiter trüge, der sich's auf ihm bequem mache. Aber das gehört nicht hierher. Das Wachstum zählt und nur dieses. Denn ein Abnehmen des Wirtschaftswachstums von 4 auf 2% führt zu einer Arbeitslosigkeit für 500.000 Menschen (Österreich).

Nun könnte argumentiert werden, das Kapital sei ein Produkt der maschinellen Intelligenz, entwickelt an sich selbst und habe ihm ergeben zu sein. (Entwicklungen entwickeln sich an sich, gedachte, an der Antwort der Frage folgend). Oppenheimer sagt: *„Das Genie kennt die Antwort vor der Frage“!* Das besagt, es greift vor. Das ist nicht aus der Luft gegriffen, denn an der industriellen Revolution perfektionierte sich das Kapital. Eine Entwicklung, einst mit der Münze gesetzt, vollzieht sich, den Umständen entsprechend, rasant. Es gibt keine Kapitalisten, es gibt Nutznießer des Systems, Sachwalter, die eine jede sich bietende Gelegenheit wahr nehmen, Geld zu machen (was nicht gleichzusetzen ist, etwas herzustellen) und es wird ja auch freiweg agitiert: *„Profit machen ist*

18 Offenbar, nicht die Linke vereinigt die Proleten aller Länder, die Globalisierung tut es.

ein Job für Profis und Arbeit für viele!" Ob alle oder auch nur viele Profit machen können? *„Von der Höhe des Kontostandes* – läßt ein anderer wissen – *läßt sich die Intelligenz des Inhabers ablesen."* Was will man mehr, damit wäre alles gesagt. Eindeutig, die Maschinen bestimmen den Werdegang der Wirtschaft in Wechselwirkung mit dem Kapital, eine unheilvolle Allianz. Läßt sich darin eine Absicht, der unverzichtbaren maschinellen Intelligenz, deren Folgerung erkennen? Wenn dem auch so wäre, für die Betroffenen untereinander allerdings änderte sich dadurch nichts.

Die zwei Seiten: Anbot (Ware) – Kapital

Im Mittelalter organisierten sich die freien Handwerksbetriebe in Zünften. In ihnen fanden sie sich zusammen, regelten wirtschaftliche und organisatorische Fragen, wie Betriebsgröße, Arbeitszeit, Rohstoffbezug, als auch die Preise. Der Betrieb paßte sich der Nachfrage an. Die Konkurrenz erfolgte nicht, konnte nicht über Kosteneinsparung erfolgen, sie wurde durch geschicktere Hände erbracht. Bei dem Tüchtigen fand sich Wohlstand, er drängte nicht danach, sich zu verwerten, er einfach bestand. Gesellen und Lehrlinge arbeiteten, unter Lohndruck, dem zu, hoffend, einmal auch Meister zu sein.
Das industrielle Unternehmen hingegen, dem Wachstumszwang unterliegend, schafft durch Preissenkung sich die Nachfrage. Die sich etablierende industrielle Produktion konkurriert die Preise der Handwerksbetriebe, mit unter bezahlten, angelernten Arbeitskräften und vorgeschriebenem Arbeitspensum. Die Produktion, deren System, funktioniert unter monetärem Erfolgszwang.

Die Hanse, im Mittelalter ein Zusammenfinden von Kaufleuten, zur gemeinsamen Vertretung von Handelsbelangen, sowie gegenseitigen Schutz. Rothschild-Bankhaus finanzierte europäische Fürstenhäuser gegen Zins. Aufgenommene Kredite zur Finanzierung von Investitionen haben sich zu verzinsen.[19]

19 Schon in biblischer Zeit suchte man dem Wucher entgegenzuwirken, Schulden nach angemessener Frist verfallen zu lassen. Ob es jemals dazu kam, ist nicht überliefert.

Der Finanzierung von Investition wird in der Kalkulation der Kostenfaktor Arbeitskraft entgegen gerechnet. In der Kalkulation scheint die Investition als Fixposten auf, variabel hingegen die Lohnkosten. Als Kosten, wird die Arbeit zu einer zur Verfügung stehenden Ware, die preisgünstig zu kaufen ist. Ein Regelwerk setzt sich in Gang.
Das Unternehmen steht unter dem Zwang, ins Geschäft zu kommen. Sie kann nicht wie der Handwerker damit rechnen, daß sich ein Kunde einfindet, es muß die Nachfrage durch Kostensenkung fördern.
Die Industrie konkurriert durch Kostensenkung, der Handwerksbetrieb erwirbt Nachfrage. Eine Gegenüberstellung, die nicht als Bewertung verstanden werden soll, sondern lediglich als verdeutlichender Vergleich. Kapital läßt sich nicht als Ware tauschen, es kam durch den Entzug aus dem Warenhandel zustande (Geld) und verbraucht sich nicht. In der Kalkulation als Investition eingesetzt, fungiert es als die Wirtschaft lenkender Köder, bleibt als solcher erhalten, vermehrt sich über die der Konkurrenz zukommenden Löhne. Das System unterliegt demnach, um im Geschäft zu bleiben, dem Zwang, ständig die Kosten zu senken. Es ist das des Systems Bestimmung.

Den vorstehenden Ausführungen wird Darwins Evolutionslehre entgegen gesetzt. In einer fairen Diskussion sind diese Argumente anzuführen. In freier Wildbahn selektieren sich die existenten Lebensformen in vollendeter Form, den Umständen angepaßt, von selber heraus. Demnach kann eine Wirtschaftsform, die dem entspricht, überaus wirksam sein. Die uns bekannte Wirtschaft beruft sich darauf, daß nur so, und nur so, eine lebendige, sich korrigierende Wirtschaft ablaufen kann, wenn man sie nur läßt. In der Konkurrenz beweist sich immerwährend das Taugliche. Aber nur dann, wird dieser Wettbewerb in keiner Weise behindert, beeinträchtigt oder verzerrt. Nur dann, auf sich gestellt, kann sie sich von sich aus immerwährend erneuern. Die Arbeiterschaft und das Kapital werden sich soweit aneinander anpassen, daß sie nicht nur miteinander sehr gut können, sondern sich auch gegenseitig erhalten. Dazu bietet ein Minister i. R. ein anschauliches Beispiel an. Erklärt die Zusammenarbeit von Kapital und Arbeit so: Es wird so kommen wie bei einem Termitenhügel. Das Fressen und Gefressen werden hat sich soweit aufeinander abgestimmt, daß beide, zu ihrem Vorteil, nebeneinander bestehen bleiben. Der Ameisenbär reißt den Termitenbau auf, um an die Termiten heran zu kommen. Die Termiten, aufgescheucht, stürzen sich auf ihn und dank seiner dünnen Haut, sind sie auch imstande, ihn zu vertreiben. Der Termitenbau wird nicht zerstört, regeneriert sich zu seinem Vorteil und auch die Nahrungsquelle des Bären bleibt erhalten. Die Sozialpartnerschaft ist ein erster Ansatz dafür. Diese Überlegung mag aus der Sicht des in Ruhestand befindlichen Ministers nicht von der Hand zu weisen sein, nur, wer aber möchte schon zu dem Teil, der gefressen wird, gehören? Der Herr Minister schließt sich wohl von vornherein aus. Aber bleiben wir bei dem Vergleich. Der Ameisenbär – nicht einmal gezwickt – läßt nicht ab vom Fressen; es sei denn, die Ameisen wähnen sich, mit dem Bären in einer Einheit. So sieht es wohl der Herr Minister i. R.

Nun aber wirtschaftet die Wirtschaft nicht der Natur unterliegend und der Ameisenbär und die Ameisen wären auf die Münze angewiesen. Auf dieses Thema aber geht der Herr Minister i.R. nicht ein. Es ist ihm obsolet. Der Ameisenbär, auf Geld angewiesen, muß es erst einmal haben.

Dem Käufer geht es um den Gebrauchswert W – G – W, Ware wird über Geld Ware. Er begehrt die Ware, bezahlt mit Geld erhält die Ware.

Der Verkäufer wider will den Gegenstand anbringen, ihm geht es um den Tauschwert G – W – G^1. Er begehrt Geld (Gewinn), bietet die Ware an, erhält Geld.

Die Interessen der Handelspartner sind konträr, der Bär will Ameisen, die Ameisen wollen Geld. Der eine braucht Geld der andere will Geld. Der der Geld will, genießt zweifellos einen Vorteil, er kann es behalten, gegenüber dem der es braucht, er gibt es aus. Um nun doch zusammen zu kommen, ergibt sich eine immerwährende Subtraktion für den Bären.

Analyse.

Die Kosten sind immerfort zu reduzieren. Mit jedem Stillstand stellt sich das Wirtschaften als Ganzes in Frage, unterbricht den kommerziellen Wettbewerb. Die EU (EWGV) empfiehlt, über die Anpassung von Sozialstandards Wettbewerbsfähigkeit herzustellen, was bedeutet, dass höhere Standards der Versuchung erliegen müssen, die ihren entsprechend zu nivellieren.

Ein Monopolunternehmen, dem Wettbewerb entzogen, müßte doch in alle Ewigkeit mit gleichbleibenden Kosten wirtschaften können? Wenn es nicht dem Zwang der Finanzierung unterläge. Es hat Rücklagen anzulegen, das bedeutet, zu mehren.

Die Rücklagen scheinen direkt oder indirekt als Investition auf. Diese breiten sich nicht mehr, wie vor 100 Jahren, horizontal, sondern vertikal aus. Das bedeutet, daß sie sich nur dann bezahlt machen, wenn Kosten (Löhne) eingespart werden (Subtraktion). Das Karussell dreht sich. Zwei Größen sind im Spiel. Einmal die Selektion des Ineffizienten, zum anderen das Geld als werthaltender Wirtschaftsfaktor. Vereint sind sie in der Investition gut aufgehoben. Als Anlage das Geld (Verzinsung) und das Obenaufsein des Tüchtigen in der Konkurrenz. Die Investition rechnet sich in einer Subtraktion, sie hat sich gegenüber der vorhergehenden als wirksamer zu erweisen. Nur unter dieser Voraussetzung kann sie bestehen.

Aber nicht nur das Produkt, die Investition als solche unterliegt dem Gleichen – die Nutzungszeit trachtet sich zuvorzukommen, um angelegten Geldes wieder habhaft zu werden (Subtraktion).

Um der Rationalisierung nachzukommen, muß das Wirtschaftsvolumen fortwährend anwachsen.

Auseinanderstrebende Kräfte werden so in die Enge getrieben. Es wird nicht gewirtschaftet, um Bedürfnisse zu befriedigen, es wird gewirtschaftet, um seiner selbst willen, um losgetretenen Einflüssen zu entkommen. Die Betriebe (Unternehmungen) bieten sich auf den Finanzmärkten als Anlageobjekt feil, ein potenzierender Wettstreit über die Warenproduktion hinaus, um über Gewinne Gewinne zu machen, die der Anleger lukrier.

Eine hochwirksame Schattenwirtschaft hat sich längst etabliert – mittels der Münze. Geld benützt die Güterproduktion für seine Glaubwürdigkeit und grenzt sich gleichzeitig von ihr ab, eigene Wege gehend.

Es hat sich emanzipiert, hat eigene Märkte, und wird als Pseudoware mit Gewinn gehandelt. Das bedeutet, eine kompetente Wirtschaft hebt die Währung auf die Rampe, sie gewinnt im Handel an Wert, hebt ab von der „kompetenten“ Wirtschaft, die zurückbleibt.

In zweierlei Hinsicht – einmal, daß die Ware relativ teurer wird, zum anderen, daß sich das im Geldhandel gebundene Geld nicht als Ware umsetzt, fremdgeht.

Gegen diese angeführten Fakten gibt es keine Vorkehrungen, sie sind in Kauf zu nehmen, von Fall zu Fall durchzustehen, und das wird auch nicht bestritten.

Die aufgelisteten Mechanismen wurden wegen deren Folgeerscheinungen aufgezählt. Sie sind da und nicht zu beheben, stellen das System in Frage. Deren Breitenwirkung aber zu beschreiben – darauf wird verzichtet, um den Vorwurf der Übertreibung erst gar nicht erheben zu können. Nur das eine sei angeführt: diese fortwährenden Reduktionen von Aufwand, kann als Sog in eine unaufhaltsame Selbstauflösung der kapitalbestimmten Wirtschaft gesehen werden, aber auch als Weg, dem mit Erfolg zu entfliehen.

Das mag so sein, sogar mit großer Wahrscheinlichkeit. Nur, wird der davon unmittelbar in Mitleidenschaft Gezogene es reaktionslos hinnehmen?

Die Ehrfurcht vor der all- und übermächtigen, in sich verstrickten, komplexen Wirtschaft läßt sich durch ein paar einfache Fragen auflösen. Ob die sich auch in eine Gleichung bringen lassen, die die Abfolge mathematisch beweist? Kaum, denn Krisen können die Verwertungsbedingungen für die verbleibenden Kapitalien enorm verbessern.

Das nun skizzierte Zahlenspiel ist irreal, denn der Bedarf versiegt nie. Auch werden Einfluß habende Umstände, wie u. a. Infrastruktureinrichtungen, Zinseszinsrechnung der Anschaulichkeit wegen, unterschlagen. Einem Fakt allein gilt die ganze Aufmerksamkeit, er soll isoliert bloßgestellt werden. Wird die Rationalisierung (Kostensenkung) bis zu ihrem Nullpunkt vorangetriebenen, so ergibt sich an Hand der oben dargestellten Grafik, bei einem Stückpreis von 0,60 auf 0,46 eine Preissenkung von 23%. Nach 4,3 Zyklen, (100 durch 23) und bei einer angenommenen Nutzungszeit von 5 Jahren wäre 4,3 x 5, bei 21,5 Jahren das Aus. Werden reale 3% in Rechnung gestellt ergeben sich 33,3 Zyklen mal 5 Jahren pro, es ergeben 166 Jahre bis zum totalen Aus.

Die ersten 30 Jahre nach dem 2. Weltkrieg stellten sich als Wirtschaftswunder dar. Es gab Vollbeschäftigung. Diese 30 Jahre, bei einer Rationalisierung von 3% per anno, stellen sich in der Rechnung folgendermaßen dar: Wirtschaftsdauer 30 Jahre durch Nutzungsdauer von 5 Jahren ergibt 6 Zyklen, bei einer Einsparung von 3% pro Zyklen sind es 18% an Freigestellten (Arbeitslosen).

Haben sich die Zahlen zufällig ergeben, was nicht auszuschließen ist? Kommt der Rechnung Beweiskraft zu? Jedenfalls, wenn auch ein Zufallstreffer, überraschend ist er allemal.

Der Versuchung nachgebend wird, der von Horst Afheldt oben angeführten Prophezeiung folgend, daß bei einer Verdoppelung des Wirtschaftswachstums die Umweltzerstörung sich vervierfacht, die vorstehend sich ergebende Zahl von 18%, auf 12,5% korrigiert, eingesetzt. Es ergibt sich danach (bei einer Verdoppelung der Automation, wie auch immer) 12,5% x 2 x 4, 100% Kosteneinsparung, die totale Arbeitslosigkeit.

Selbst ein mißglücktes Experiment ist ein Erfolg.

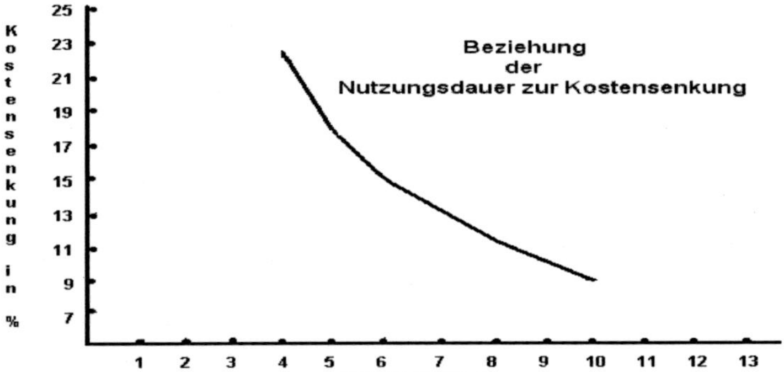

Legende: Die Kurve ergibt sich aus einer angenommenen Wirtschaftsdauer von 30 Einheiten, durch die Nutzungsdauer ergibt die oftmalige Umwälzung. Die Kürze der Nutzungsdauer, bei einer angenommenen 3%igen Rationalisierung, steigert die Kosteneinsparung. Die von den VW–Werken errechnete Nutzungszeit von 5 Jahren veranlasste das Werk in Argentinien.

Zum Abschluß noch eine aufschlußreiche Diskussion. Im ORF, zur Pressestunde in den späten 90er Jahren versammelte sich eine illustre Gesprächsrunde von Wirtschaftsjournalisten. Was die zu dem Thema zu sagen hatten, eröffnet ein aufschlußreiches Sittenbild, das dem Leser nicht vorenthalten bleiben darf. Es zahlt sich aus, ihnen zuzuhören. Denn, während die Sozialromantiker, Phantasten, Träumer sich betreten ansehen, zu stottern beginnen, werden sie gefragt, wie denn nun ihr Gemeinwesen ausschauen sollte, liessen die Wirtschaftsfachleute keinen Zweifel daran, gaben eine konkrete, stimmige Antwort über das ihre. Die Runde kompetenter Wirtschaftsjournalisten waren sich einig, wie ein Staat zu organisieren und aufzubauen sei. Und wenn es in der Realität auch nicht so laufen sollte und es auch nur ein Wunschdenken wäre, wie eingeworfen werden könnte – angenommen, so ist dieses Denken geprägt von der Realität. Ihr einstimmiges Denken kommt nicht von ungefähr, denn was sie denken und wie sie denken kommt von dem, wo und wie sie leben und beantwortet die Frage, wie denn nun ein zerfallener Staat – sein Wirtschaftsgefüge – wieder funktionsfähig zu errichten wäre. Sie betreiben Feldstudien an zerbröselnden Pyramiden, den ehemaligen „kommunistischen" Staaten. Hoffentlich, so sagen sie, und es ist nur eine Frage der Zeit, haben sie es bald überstanden, daß die allerorts sich bildende Mafia gesättigt sich stabilisiert und das angehäufte Kapital gewinnbringend in die nationale Wirtschaft, sie ausbauend, einbringt. Sie (die Kriminellen) sind wendig, findig, kreativ, und risikofreudig wie sich erweist, von moralischen Bedenken nicht behindert – Voraussetzungen, die sie prädestinieren.

Freilich – darin ist sich die Runde einig – gemordet sollte halt doch nicht werden. Einer ergänzenden Maßnahme aber – einer nicht zu übersehenden – bedarf es, der Erbfolge. Nur unter der Prämisse der Erhaltung des Eigentums, dessen fortlaufender Mehrung, der Potenzierung, ist es möglich, eine funktionierende Wirtschaft und somit den Staat aufzubauen und im Lot zu halten. Das ist die Basis und der Garant einer freien und frei sich entwickelnden Wirtschaft. In der zweiten Generation bereits ist das „erworbene" Vermögen reingewaschen und sie selbst gewendet, fromm, gesetzestreu.

Den Gesetzeszaun nutzten sie vordem, um daraus Recht sich herauszubrechen – danach, um das Recht zu beanspruchen. Eine gutsituierte Gesellschaftsschicht erst bringt das nötige Kapital in die Wirtschaft ein und erhält den Staat – die Pyramide – im Gleichgewicht. Der sich bildende Filz hält sie zusammen. Sollte darüber nachgedacht werden? Eine Offenbarung ist es eigentlich nicht. Es ist Geschichte – an und für sich nichts Neues – neu hingegen ist die freimütige Aussage an einem Studienobjekt, daß es so ist und nicht anders geht. Naiv sagen sie das heraus, was sich bei ihnen daheim vollzieht, ohne dessen gewahr zu werden. Ein sachliches Bekennen zur „kriminellen" Keimzelle. Die Mafia ist eine – wenn auch üble – doch unumgängliche befruchtende Ejakulation einer durchaus normalen Entwicklung, wie auch von der Geschichte belegt (Seeräuberei, Raubrittertum, Wegelagerei, der besitzende – Grund besitzende – anfangs räuberische Adel, u. a. m.) – das hat akzeptiert zu werden. Es bestätigt sich wieder einmal, was einst Rousseau sagte, lang vor ihm Ambrosius von Mailand: „Reichtum ist Diebstahl!"

Wenn die Hexenverfolgung auf einen schweren Fehler des damaligen Denksystems zurückzuführen ist und 300 Jahre anhielt, dann bleibt nur zu hoffen, daß es dem kapitalistischen System ebenso ergeht.

Eine gesichtslose Masse, abgelagert in Waben, zugriffbereit, verfügbar, schwärmt morgens aus, ein wirrer Haufen, ein heilloses Hin und Her, und kehrt abends, die Straßen leeren sich, wieder in die Waben zurück. Kurz leuchtet es, geschachtelt aneinander, übereinander, in der Nacht, an den Häuserfronten auf, wahrgenommen als Zeichen ihrer Existenz, das unterschiedliche Erlöschen als Individualität, bei Tag sie sich in der Masse verliert. Hinter dem Fenster, das bis in den grauen Morgen hinein nicht verlöscht, fiebert wohl ein Kind die Nacht hindurch. Ein alltäglicher Vorgang.

Nacht. Die Weite des bei Tag übersehbaren Platzes versank, sein Rand hatte sich aufgelöst. Die an ihm postierten Leuchten verblaßten – aufgesogen von einem Meer von Finsternis – flackern zag, hilflos, entrückt. Die Leuchtreklamen – hoch oben an der Schwärze montiert – glitzern darüber hinweg, leblos, fremd. Zerschnitten die gesichtslose Düsternis von aneinander vorbei fliehenden, sich drängenden Autos. Wissen sie denn wohin? Ihre Lichter hasteten, am Boden haftend, ihrer

Spur voran. Die sich wälzenden Kolonnen schieben sich – taub – aus der Nacht in die Nacht hinein. Mitten drin, ratlos, das beklemmende Gefühl, in eine Welt versetzt zu sein, in der es keine Orientierung, kein Anlehnen gibt. Es fröstelte, ausgesetzt auf einer Insel. Es ist nicht Einsamkeit, es ist ein Verlassensein. Es schleicht aus der Nacht, faßte nach dem Ich, läßt es nicht mehr los, zerrte es mit sich. Es findet sich kein Halt. Angst – in der Tiefe des Platzes, dessen Ränder in Nichts zerflossen. Nacht in der Großstadt, inmitten der Leere eines Platzes, der sich verlor. Die Straßenbahn kommt, sie hatte auf sich warten lassen, es waren nicht mehr als fünf oder zehn Minuten.

Über den Autor

Alfred Hirschenberger, Jahrgang 1919, Berufsausbildung: Werkzeugmacher, dreijährige Abendschule am T.G.M., Betriebsleiter. Als solcher sind ihm die Abläufe in einem Betrieb vertraut.

Aufgewachsen in einem Gemeindebau im Roten Wien. Die Zwanziger und Dreißiger Jahre formten seine Sicht. Die Aufbruchsstimmung, gleich nach dem 1. Weltkrieg, über die Günther Anders schreibt: *„In der Tat herrschte nach dem Ende des Ersten Weltkrieges eine durchaus messianische Geschichtserwartung, der auch ich mich, als damals Sechzehnjähriger, nicht entziehen konnte"*, hielt an und führte, beim Autor, zu einem frustrierten Entsagen, das sich zu Papier schlägt.

Es war nicht die Stärke der Arbeiterpartei, die zur Errichtung der demokratischen Republik (Deutsch) Österreich führte, es war das das Herrschaftssystem tragende Heer, welches 1918 erschöpft sich verlief. Das Einmalige geschah: Ausgeblutet, vereint im Elend, hob sich die Befehlsgewalt auf. Ohne dem Machtinstrument (teile und herrsche!) der Befehlsgewalt und dem erbrachten Gehorsam erledigt sich die Oberhoheit. So gesehen, beherrscht und überwacht das Volk, sich unterwerfend, sich selbst, hält sich in Schach. Jonathan Swift läßt Gulliver sich fragen: *„Merkwürdig, warum nur sind die Diener (Liliputaner) so unterwürfig? Liegt es an den Herren oder an den Dienern?"*. Demokratie perfektioniert die Unterwerfung, überträgt formal die „Macht" dem Volk. Diese erfüllt sich, Aufruhr bindend, in einer ablenkenden freien Auseinandersetzung, in einem periodisch zur Schau gestellten Auswechseln von, demokratisch nicht legitimierten Vorgaben nachkommenden, Akteuren.

Aber gibt es denn eine bessere Verwaltungsform?

In dem sich auftuenden Vakuum integrieren sich die Sozialisten, legitimiert durch den Wahlsieg von 1918, bilden eine Regierung mit. Fünfzehn Jahre werden sie mitbestimmen, ihre Forderungen und Ideen formulieren und zum Teil auch durchsetzen können. Das kann sich sehen lassen. Von allem Anfang an wird die Realisierung sozialistischen

Gedankengutes verleumdet und heftig bekämpft. Und sie formieren sich, rechts orientierte Wehrverbände, Heimatschutz, Heimwehr, forcieren den Faschismus in Abneigung zur Umverteilung. Das Elend diktiert den Sozialisten, was Not tut. Sie glauben an eine Umverteilung des von Kapital erbrachten Profits. Glauben an die Versöhnbarkeit von Kapital und Arbeit. Sie hinterfragen das Kapital, stellen es aber nicht in Frage! Zum Ende des Jahrhunderts ist ihnen dann der Boden unter den Füßen entzogen. Ziellos, ohne einem noch so fernen Utopia, irren sie dahin.

Wäre es nicht an der Zeit, der Arbeit das Stigma zu nehmen, daß sie Kosten sei?

Veröffentlichungen
Technische Aufsätze in Fachzeitschriften.
„Spiegelung“ Uhlen Verlag 1983.
„Linke Worte für Österreich“ Anthologie Globus Verlag 1985.
„Liesing. Lainz. Langenzersdorf“ Edition Maioli 1989.
„Mutter und der Zeitgeist“ VÖGB.
„CD“ Verlagsproduktion Günther Effenberger.
Lesungen
„Alte Schmiede“
„Volkstheater“ durch Schauspieler Alfred Ruprecht
„Bezirksmuseum Floridsdorf“
„VÖGB“
„11. Bildungscocktail VÖGB“
„ORF“
„Gloria Theater“
„ORF Hörbücher“ 1. Nov. 03
Rezension
Unter anderem im ORF von Gerhard Kofler, Generalsekretär der Grazer Autorenversammlung.
Auszeichnungen
„Preis der Arbeit“ AK 1990.
„Luitpold-Stern-Preis“ 1994 und 2005.